Gebrauchsanweisung
für Apulien und die Basilikata

Maria Carmen Morese

Gebrauchsanweisung für Apulien und die Basilikata

PIPER

Mehr über unsere Autorinnen, Autoren und Bücher:
www.piper.de

Unser Versprechen für mehr Nachhaltigkeit
• Klimaneutrales Produkt
• FSC®-zertifiziertes Papier
• Hergestellt in Europa

FSC www.fsc.org
MIX
Papier aus verantwortungsvollen Quellen
FSC® C083411

ISBN 978-3-492-27652-8
3. Auflage 2021

Redaktion: Susanne Wallbaum, Leipzig
Karte: cartomedia, Karlsruhe
Satz: le-tex publishing services GmbH, Leipzig
Druck und Bindung: CPI books GmbH, Leck
Printed in the EU

Inhalt

0
50 km
Peschici
Vieste
Carpino
Gargano
Mattinata
Monte Sant'Angelo
MOLISE
Adriatisches Meer
Foggia
Trani
APULIEN
Bari
San Vito
Polignano a Mare
Castel del Monte
Vulture
KAMPANIEN
Valle d'Itria
Fasano
Alberobello
Cisternino
Acerenza
Ostuni
Locorotondo
Brindisi
Potenza
Monti Alburni
Matera
Montescaglioso
Dolomiti Lucane
Taranto
Lecce
Pisticci
Bernalda
Aliano
Salento
Otranto
BASILIKATA
Gallipoli
Casarano
Ugento
Maratea
Parco Nazionale del Pollino
Santa Marina di Leuca
Ionisches Meer
KALABRIEN
Tyrrhenisches Meer

Ankommen

Apulien ist ein ferner Kontinent – so glaubte ich, als ich ein Kind war. Von dort brachte uns mein Vater jedes Jahr wunderschöne, nie zuvor gesehene Dinge mit: bunt bemalte Matrjoschkas und russische Holzschalen, litauische Haarspangen aus Walfischknochen und dünne Räucherstäbchen, die nach Jasmin und grünem Tee dufteten. Mein Vater war weder in Russland noch in China gewesen, sondern in der apulischen Hauptstadt Bari, wo jährlich die *Fiera del Levante* stattfand, damals die einzige Messe in Italien, bei der sich Länder aus Osteuropa und Asien präsentieren durften. Für meinen Vater, der in den Siebzigerjahren noch ein überzeugter Sozialist war und den Fall der Sowjetunion nie und nimmer für möglich gehalten hätte, war Bari während der Messetage die schönste Stadt Italiens. Zwischen Don Camillo und Peppone aufgewachsen, hegte er eine inbrüstige Liebe für alles, was aus dem Osten stammte.

Schauen wir auf die Landkarte Italiens und zoomen auf Apulien. *Il tacco d'Italia*, der Hacken des italienischen Stiefels, streckt sich Osteuropa entgegen. Von Bari aus gesehen, liegt Albanien näher als Rom: Bis zum Hafenstädtchen Durrës sind es lediglich 80 Kilometer. Dieser schmale Streifen der Adria trennte jahrzehntelang West und Ost, Kapitalismus und Kommunismus. Aufgrund ihrer geografischen Position lag die Region einerseits am Ende der europäischen Welt. Keine Grand Tour, kein Goethe, der hierherkam, sah und schrieb.

Andererseits pflegten die Hafenstädte Bari, Brindisi, Otranto und Taranto seit eh und je Handelsbeziehungen mit Osteuropa und dem Orient. Und das schon unter den Phöniziern im Jahre 800 v. Chr. Diese jahrtausendealte Tradition wurde niemals unterbrochen, nicht einmal während der Zeit des Eisernen Vorhangs. Trotz vieler Einschränkungen hielt die Region weiterhin Kontakte zu Osteuropa. Der Kult des heiligen Nikolaus spielte dabei eine große Rolle. Vieles kam und kommt von Osten übers Meer: Menschen, Mythen, sogar das Land selbst. Der Sporn des italienischen Stiefels gehört geologisch zum Balkan.

Lange Zeit wurden Apulien und die Basilikata als weit abgelegene Regionen betrachtet. Für Italienreisende wortwörtlich ein Geheimtipp. So geheim, dass sie in Reiseführern nicht einmal erwähnt wurden. Noch in den Neunzigerjahren tauchten sie sogar in Büchern mit vielversprechenden Titeln wie *Italien und seine Provinzen* gar nicht auf. Meine Großmutter, die aus einer Gegend am Rande der Basilikata stammte, sprach übrigens nie von *Puglia*, sondern benutzte den Namen stets in der Mehrzahl: *le Puglie*. Heute noch unterscheidet man drei große Gebiete: 1) den Gargano und die Provinz Foggia, die zwar zu Apulien gehört, kulturell aber eher Neapel als Bari ähnlich ist, 2) *la terra di Bari* und das herrlich ländliche *Valle d'Itria* oder Itri-Tal –

besser bekannt als *la terra dei trulli*, das Land der Zipfelmützenhäuser, und 3) den großen Salento, der bis 1922 *Terra d'Otranto* genannt wurde, mit Lecce als Hauptstadt. Besonders dort, an der Ferse des italienischen Stiefels, sprechen die Menschen selten von *Puglia*, wenn sie ihre Region meinen. Diese ist für sie immer und ausnahmslos *il Salento*. Auch wenn der Salento keine unabhängige Provinz ist, fühlen sich die Menschen hier wie die Einwohner Barcelonas, die von sich behaupten, in erster Linie Katalanen zu sein und nicht Spanier. Rund um Lecce rümpft man die Nase, wenn man zum Beispiel von Bari oder Foggia spricht: »Das ist sehr weit im Norden!« Was auch stimmt: Immerhin ist Apulien fast 400 Kilometer lang. »Hier sind wir im Salento. Das ist etwas völlig anderes als Apulien.«

Einmal gab mir jemand in Lecce eine Einführung in die Mentalität. Es war Dezember, aber der Himmel glänzte wie im Frühling, und eine schüchterne Sonne lud die Menschen ein, an den Tischen vor den Bars zu verweilen. Ich trat aus einer Konditorei an der zentralen Piazza Sant'Oronzo, wo ich süßes Gebäck gekauft hatte. Plötzlich hörte ich meinen Namen rufen. Es war der Kulturdezernent, den ich am Vortag kennengelernt hatte. Noch sah ich es nicht, das Fettnäpfchen.

»Haben Sie etwas Schönes gekauft?«, fragte er.

»Ja«, hörte ich mich sagen, »ich wollte vor ein paar Tagen etwas Ähnliches in Bari …«

Die Miene des Politikers verfinsterte sich. Trotz des voluminösen Barts konnte ich erkennen, dass die Mundwinkel nach unten gingen. Er räusperte sich, legte väterlich seine Hand auf meinen Unterarm und schaute mich tadelnd an. »Wissen Sie«, sagte er, »warum wir im Plural von *le Puglie* reden?«

Ich lächelte, blinzelte, schüttelte den Kopf und hatte noch nicht richtig Zeit, das diffuse Gefühl als Verlegenheit zu definieren, als er in einem etwas belustigten, aber sicheren Ton sagte: »Weil wir verschieden sind!« Mit den Fingern seiner großen Hand zählte er mir auf: »Erstens: Wir essen unterschiedliche Dinge. Zweitens: Wir sprechen unterschiedliche Sprachen …« (Ganz nebenbei: Eigentlich meinte er Dialekte, aber das war nicht der geeignete Augenblick, um mit sprachwissenschaftlichem Wissen zu brillieren.) Dann zeigte er auf das antike Amphitheater, dessen ausgegrabene Hälfte eine Etage tiefer als die Piazza Sant'Oronzo hervorlugt. »Drittens: Als wir an dieser Stelle über Philosophie debattierten, hatten sie, die Bareser, es gerade so geschafft, auf die Dächer ihrer Hütten zu klettern, die sie *Trulli* nennen!«

Also, *ho capito*, nie in Anwesenheit eines Leccesers von der Hauptstadt der Region, Bari, oder den weiteren Provinzen (Taranto, Brindisi, Trani, Barletta) sprechen! Es ist nicht bloß Lokalpatriotismus. Es ist Ausdruck einer gefühlten Realität: Apulien ist ein Kosmos von Städten und Kleinstädten (Alberobello, Cisternino, Gallipoli, Locorotondo, Martina Franca, Otranto, Ostuni, Santa Maria di Leuca, Trani etc.). Und jedes Fleckchen hat seine ganz besondere Legende, seinen eigenen, ganz speziellen Helden, seine eigene Tradition, die natürlich – so behaupten ihre jeweiligen Einwohner – im Nachbarort gänzlich fehlt. Sie sind wie Früchte, die am selben Baum gewachsen sind und dennoch ganz unterschiedlich schmecken. Eine hat mehr Sonne bekommen und schmeichelt dem Gaumen mit ihrer einzigartigen Süße; bei der anderen haben die Bienen die Blüte mit anderen Pollen bestäubt. Jetzt kitzelt ihr süßsaures Aroma die Zunge. Dann gibt es noch eine, die, gerade weil sie so schön und saftig war, an vielen Stellen von gierigen Vögeln angepickt wurde und trotzdem mit ihrer harmonischen Form und Anmut besticht. Ich denke hier an die wunderschöne, aber von der Großindustrie zu Tode verwundete Stadt Taranto. Apulien ist ein unvollkommenes Eden mit den leckersten Früchten, die man sich vorstellen kann. Das Schöne daran: Wenn man davon isst, wird keiner kommen und uns aus dem Paradies vertreiben.

»Und was ist mit uns?«, rufen die Lukaner, die Einwohner der Basilikata. Bis 1947 hieß die Region Lukanien. Warum gibt es über diesen Landstrich so wenig Literatur? Wer würde etwa auf die Idee kommen, Florenz und Rom zusammen in einem Reiseführer unterzubringen? Dass meine Urgroßmutter väterlicherseits aus der Basilikata stammte, ist nicht der einzige Grund, weshalb ich mich über die stiefmütterliche Behandlung dieser Region zuweilen richtig aufregen kann. Zum Beispiel über Bücher, die Matera, Acerenza und Venosa unter Apulien aufführen (siehe den Klappentext der Aufsatzsammlung *Pellegrino di Puglia* des Kunsthistorikers Cesare Brandi). Ich habe im Namen einiger dieser Autoren eine Kerze auf dem Altar der heiligen Geografie angezündet. Und eine für alle Lukaner, damit endlich die Schönheit ihrer Region gewürdigt wird. Mein Gebet wurde erhört. Nicht von Gott, sondern von einer EU-Kommission, die Matera zur »Kulturhauptstadt Europas 2019« auserkoren hat.

Apulien – der ferne Osten meiner Kindheit: Eines Tages durfte auch ich dem Morgen entgegenfahren und mit meiner Familie die Messe besuchen. Von diesem Ausflug ist in meinem Gedächtnis fast nichts geblieben, außer zwei Erinnerungen: das grüne Meer und die leckeren Krabben – die *gamberetti*. An jenem Tag Ende September 1978 war das Wetter stürmisch. Ein trotziger Wind heulte durch die weißen Gassen von Bari, Gischt spülte über die Wellenbrecher. Aber hier war das Wasser nicht stumpf und grau wie an regnerischen Tagen auf unserer tyrrhenischen Seite, sondern schimmerte in einem zarten Grünblau. Mir fiel Marco Polo, der Held meiner Kindheit, ein (über ihn lief im Vorabendprogramm eine Fernsehserie). Ich dachte, dass dieses Meer ganz notwendigerweise Fernweh erzeugen musste. Beim Anblick dieses Wassers musste jeder sofort die Lust verspüren, Mama und Papa Adieu zu sagen und davonzufahren.

Tatsächlich sind aus vielen apulischen Kindern Seefahrer oder Handelsreisende geworden. Geschäftstüchtig waren sie und gerissen. Das behaupte übrigens nicht ich, das sagt der italienische Volksmund. Demnach besitzt jede italienische Stadt – jede Provinz, jede Region – ihren ganz eigenen Charakterzug. So sollen die Genueser ziemlich sparsam sein, die Neapolitaner anarchisch, die Römer prahlerisch und so weiter. Den Einwohnern Apuliens wird ein großes wirtschaftliches Talent nachgesagt. Sie selbst sind fest davon überzeugt und betonen es bei jeder Gelegenheit.

Seit ich wieder in Italien lebe und regelmäßig nach Apulien fahre, muss ich oft erleben, wie die Bareser sich mir – einer Neapolitanerin, die lange im Ausland gewohnt hat – vorstellen. »*Siamo commercianti*, wir sind Kaufleute«, sagen sie und schauen mich eindringlich an. Jahrhundertelang war Bari eine entlegene Provinz des »Königreichs beider Sizilien«, das ganz Unteritalien umfasste. Während in Neapel die Bourbonen ihre rauschenden Feste feierten, schufteten die Apulier unter der gleißenden Sonne. Sie machten aus dürren Landstrichen Obst- und Olivenhaine; sie trieben

Handel mit Griechenland und der Türkei, und sie zahlten immense Steuern, die der Adel in Neapel fröhlich verschwendete. Egal, ob heute eine Anwältin, ein Kellner oder ein Taxifahrer mir diesen einen Satz sagt, erkenne ich immer wieder in ihren Augen einen besonderen Glanz.

Der Satz ist eine Zauberformel, die mich augenblicklich in eine andere Zeitdimension beamt. Antike und Gegenwart stehen nebeneinander, das Jahr 800 vor Christus war gerade erst gestern. *Simu salentini/delo munno cittadini/radicati a li Mesapi cu li greci e i bizantini.* Wir sind Salentiner/der Welt Bürger/verwandt mit den Messapern, mit den Griechen und den Byzantinern. Dieses Lied der aus Lecce stammenden Band Süd Sound System war mit seinem Refrain vor ein paar Jahren ein bahnbrechender Erfolg, ein mitreißender Mix aus süditalienischer Taranta-Tanzmusik, Reggae und Hip-Hop. Bevor die (alten) Griechen Süditalien kolonisierten, hieß Apulien »Messapia«: Land zwischen zwei Meeren. Und seine Bewohner waren »Messapier«. Im 7. Jahrhundert v. Chr. kamen die Griechen und tausend Jahre später die Byzantiner. In den Adern der Apulier – so der Hit aus dem Jahr 2005 – pulst ihr Blut wie eh und je. Die Linie war nie unterbrochen, davon sind alle in dieser Region überzeugt.

Trulli, Masserie und Sassi. Wohnen auf Apulisch und Lukanisch

Und jetzt müssen wir uns einfach nur entscheiden. Wollen wir ans Meer, wollen wir wandern, ein wenig Abenteuer erleben? Das alles bieten beide Regionen. Apulien, das sind 800 Kilometer Strand! Man hat buchstäblich die Qual der Wahl zwischen den langen, weißen Sandstränden bei Gallipoli und den kleinen, unberührten Kieselsteinbuchten des Gargano. Unvergleichlich schön ist auch die spröde Steilküste mit atemberaubenden Ausblicken bei Santa Maria di Leuca; die Städtchen Otranto und Marina di Ostuni gelten mit ihrem kristallklaren Meer als »die italienische Karibik«, und vergessen wir nicht die Basilikata! Mit dem *Pollino* besitzt sie den größten italienischen Nationalpark. 200 Hektar Naturschutzgebiet, knapp die Hälfte in der Basilikata, der Rest in Kalabrien.

Hier kann man nicht nur wandern und dabei prähistorische Höhlen besichtigen. Der Unerschrockene geht nach Castelmezzano im Herzen der lukanischen Dolomiten (eines der schönsten Dörfer Italiens). Bäuchlings an einem

Drahtseil hängend, kann man den Weihnachtsengel spielen: mit bis zu 120 Kilometer pro Stunde über eine Schlucht hinwegfliegen, zum gegenüberliegenden Dorf Pietrapertosa – *il Volo dell'Angelo.* Vom höchsten Punkt des Pollino (2267 m) aus schaut man links auf das Ionische und rechts auf das Tyrrhenische Meer, ein großartiger Moment! Auch hier muss man sich entscheiden: zwischen den Sandstränden bei Scanzano Jonico und Marina di Pisticci und den Klippen bei Maratea. Ein Urlaubstraum wie die Küstenstraße Amalfitana mit ihren grandiosen Ausblicken.

Von Deutschland kommend, landet man in Bari oder Brindisi. Mittlerweile ist die Zahl der ausländischen Fluglinien, die beide Flughäfen ansteuern, nicht gering. Da ich aber in Neapel wohne, führt der Weg für mich von Westen nach Osten. Und da ich keinen Führerschein habe, nutze ich oft öffentliche Verkehrsmittel.

»*È impazzita.* Sie ist verrückt geworden«, sagt mein Bruder.

»*Perdete ogni speranza o voi che entrate.*« Meine Freunde aus Matera, der Hauptstadt der Provinz Basilikata, zitieren sogar Dante, den größten Dichter Italiens: »Lasst jede Hoffnung fahren.« Will heißen: Mit Bus und Bahn fahren bedeute unendliche Mühe, man müsse sich nach den Fahrzeiten richten und wisse noch nicht einmal mit Sicherheit, ob der Bus überhaupt fahre. Auch wisse man nicht, wo die Haltestelle sei: »Man muss fragen.«

Ebendas hat mir besonders gefallen: beide Regionen ohne Auto zu erkunden. Und eines möchte ich festhalten: Was meine Freunde sagen, stimmt nicht ganz. Sicher ist ein Leihwagen viel bequemer und praktischer, besonders wenn man wenig Zeit hat oder beruflich unterwegs ist, aber *il pulman,* der Bus, bietet eine ganz besondere, irgendwie altmodische Reiseerfahrung. Man kommt zufällig mit Menschen ins Gespräch, die man sonst nicht kennenlernen würde. Bald entsteht ein Gefühl der Verbundenheit.

Omnibusbahnhof Neapel, 5:50 Uhr. Ich warte auf den Bus nach Brindisi, Taranto, Lecce. Die Sommersonne ist zwar schon aufgegangen, aber hinter dem Bahnhofsgebäude liegt die Welt noch im Schatten. Lauter verschlafene Gesichter. Hinter mir zischt ein Feuerzeug, einer zündet sich die erste Zigarette des Tages an. Einer gähnt. Alle gähnen.

»Fahrt ihr nach Taranto?« (Unter älteren Leuten spricht man einander im Süden in der zweiten Person Plural an.) »Nach Lecce? Ah, ich auch!«

Nach ein paar Minuten ist man per Du. Und am Ende der Fahrt fast traurig, schon am Ziel zu sein. Man tauscht Telefonnummern aus, verspricht, den anderen anzurufen, und ruft doch nicht an. Aber an Maria aus Porto Cesareo wird man sich noch lange erinnern. *Autolinee Marino* und *Miccolis* bieten täglich Fahrten in alle Provinzhauptstädte Apuliens und der Basilikata sowie in die kleineren Städte und Dörfer an. Hin und zurück. Das Ticket kann man in Internet kaufen. Aber was, wenn der Ticketkauf nicht gelingt, weil die Internetseite nicht funktioniert hat?

»*Sali, sali.* Komm, steig ein!«, sagt der Busfahrer unwirsch.

Unsicher erklimme ich die paar Stufen in den Reisebus und blicke ratlos in den Innenraum.

Eine Nonne streckt die Hand nach oben wie eine Studentin im Proseminar – sie will etwas sagen. »Keine Sorge, in zwei Stunden halten wir bei Potenza. Dort können Sie das Ticket nachträglich kaufen.«

Der Busfahrer, der bis dahin breitbeinig vor dem Fahrersitz stand, grunzt, deutet ein Lächeln an und setzt sich. 6:00 Uhr, es kann losgehen!

Mir gefällt es, mich so langsam von Westen her zu nähern. Was sofort auffällt, sind die großen Weiten. Selbst der Himmel scheint höher zu sein als über anderen italienischen Regionen. Kilometerlang kein Mensch, nur hie und da begegnet uns ein Auto. Die nackten Zahlen bestätigen den Eindruck: Hier hat die Natur die Oberhand: In Apulien leben 209 Einwohner pro Quadratkilometer (zum Vergleich: In Kampanien sind es doppelt so viele, 425 Einwohner/km^2). Die Basilikata ist die großzügigste Region: Hier haben 57 Einwohner ca. einen Quadratkilometer ganz für sich allein.

Dass die Basilikata dünn besiedelt ist, sehe ich sofort aus dem Busfenster. Während die meisten Passagiere schlafen, beobachte ich die bergige Landschaft. Fast 80 Prozent der Region besteht aus Bergen – den lukanischen Dolomiten –, der Rest aus Hügeln. Zumindest gefühlt. Wir fahren an einer Schlucht vorbei, einem Flussbett mit weißen Steinen. Auf Feldern weiden Schafe und die *mucche podoliche,* die »Urkühe« mit ihren langen Hörnern. Aus ihrer Milch wird ein würziger Käse hergestellt, der *caciocavallo*, eine Spezialität aus der Basilikata und Apulien.

In Salandra teilt sich die Buslinie: Wer hier nach Matera umsteigt, sieht auf dem Weg in die *città dei Sassi* eine immer rauere Landschaft. Weniger Bäume, nur ein bisschen Grün. *Murgia Materana* heißt dieser Landstrich – eine karstige Gegend voller Höhlen. Charakteristisch für Matera ist die *architettura al rovescio*, die »umgekehrte Architektur«. In die Felsen wurden Löcher gehauen. Die Löcher wurden zu Häusern.

Ich aber bleibe im Bus sitzen und fahre weiter, über Taranto in Richtung Salento. Das Land wird wieder flacher, wir kommen an riesigen Kakteenhecken vorbei und an Trockenmauern, wie sie für die Region typisch sind. »Apulien äußert sich durch die Trockenmauer wie die Alpen durch die Holzhütten«, hat der schon oben zitierte Cesare Brandi einmal gesagt. Und dann … tja, beneiden Sie mich, lieber Leser: die weiten Felder mit Olivenbäumen, unter denen die Erde glänzt wie das fuchsrote Fell eines Pferdes; das silbrige Schimmern der Olivenblätter, die sich leicht in der Brise bewegen; und über allem der hohe, leuchtend blaue Himmel – das alles vermittelt Ausgeglichenheit und Ruhe.

»Apulien? Dann musst du unbedingt die Trulli sehen!« Ja doch! Die runden Bauernhäuschen mit dem grauen, fast kuppelartigen Steindach sind *die* Attraktion im *Valle d'Itria*. Fährt man die Strada Statale zwischen Monopoli auf der Adria-Seite und Taranto am Ionischen Meer entlang, kommen einem längst vergessen geglaubte Bilder in den Sinn. Sind wir in einem Märchen-, Morgen- oder Schlumpfland?

Noch vor 40 Jahren wurden die Trulli von Bauern als Werkzeugschuppen oder Stall benutzt. Erst langsam kamen Städter auf den Gedanken, die runden Bauten zu kaufen und dort die Sommerfrische zu verbringen. Im Juli und August sind die Strände erfahrungsgemäß überlaufen. In Apulien mag es zwar noch gehen, aber auch hier liegt in dieser Zeit gefühlt die ganze Region in der Sonne, badet und palavert den lieben langen Tag in einer für gesunde Menschen unerträglichen Lautstärke. So beschlossen einige, im Hinterland Ruhe und Erholung zu suchen. Bald kamen die VIPs, die Schauspieler und die Regisseure, die Intellektuellen und die Politiker und ließen sich vor dem Trullo auf dem weißen Liegenstuhl unterm Olivenbaum schlafend/lesend/lächelnd fotografieren. Der Trullo wurde zum Symbol für den gelungenen Erholungsurlaub und zum Wahrzeichen der Region. Trulli boomten.

Und sie boomen noch immer. Trotz der Krise auf dem italienischen Wohnungsmarkt kostet ein Trullo heute fast genauso viel wie eine Wohnung im Stadtzentrum. Als Juwel im apulischen Fremdenverkehr gilt darum das Städtchen Alberobello. Nur hier bilden die Trulli ein urbanes Gefüge. Ein Bus nach dem anderen befördert täglich Touristen jeder Couleur hierher. Rucksäcke, Turnschuhe, bunte Mützen marschieren durch die mit kleinen, alten Fliesen gepflasterten Sträßchen. Überall in Alberobellos Zentrum gibt es kleine und große Trulli-Andenken zu kaufen. Ich habe mich nicht vergewissert, aber es würde mich nicht wundern, wenn zumindest die aus Plastik made in China wären. Am besten schaut man nur auf die westliche Anhöhe (auf der östlichen reihen sich moderne graue Bauten aneinander) und erfreut sich am Anblick der kegelförmigen Bauwerke, die seit 1996 von der UNESCO als Weltkulturerbe anerkannt sind.

Wie sind sie überhaupt entstanden? Wie so oft in Süditalien verschwimmt hier die Grenze zwischen Geschichte und Legende. Der Sage nach siedelte im Jahr 1481 der Graf von Acquaviva, Eigentümer dieses Gebiets, viele Bauern an, um die großen Latifundien zu bewirtschaften. Aber Ferdinand I. von Aragon, König von Neapel, verlangte eine kostspielige Abgabe auf jedes Dach. Da kam jemandem die Idee, die Häuser als mörtellose Schuppen zu errichten. Im Falle einer Inspektion konnten die rohen Feldsteine des Dachs rasch abgebaut werden, und das Ganze sah einfach wie ein Haufen Scherben aus. 1791 wurde die absurde Steuer abgeschafft. Ab diesem Moment hätten die Bauern aufhören können, ihre Häuser auf diese Weise zu bauen.

Aber die Zipfelmütze habe sich nun einmal fest in ihre DNA eingeschrieben, erklären die Bewohner der Gegend stolz.

Man baute also weiter Häuser mit Zipfelmütze. Zudem war in der Zwischenzeit die Zahl der Einwohner deutlich gestiegen. Aus Trulli mit nur einem Raum entstanden größere Komplexe. Es gibt sogar den »siamesischen Trullo«, der zwei konische Dächer und zwei separate Eingänge an zwei verschiedenen Straßen hat. Auch dafür gibt es eine fabelhafte Erklärung: Ein Vater hatte seinen beiden Söhnen seinen Trullo vererbt. Der ältere war mit einer schönen, jungen Frau verlobt, die aber liebte den jüngeren Sohn heiß und innig. Der ältere Bruder verlangte, dass der andere ausziehen sollte; der unglücklich Liebende, der schon auf die Braut verzichten musste, sollte nun also auch noch sein Erbteil verlieren. Stoff für eine Familientragödie. Mitten im Trullo wird eine Trennwand eingezogen, und der eifersüchtige Verlobte lässt eine Tür auf der Rückseite des Häuschens öffnen, damit seine Zukünftige den Nebenbuhler nie mehr zu Gesicht bekommt. Aus den Augen, aus dem Sinn auf Apulisch …

Das Binnenland um Locorotondo und Martina Franca ist nicht so überlaufen wie Alberobello. Trotzdem: Wenn ich mit meiner Freundin Vanja nach Locorotondo durchs Trulliland fahre, kriegt sie sich oft kaum ein vor Empörung. Es klingt ungefähr wie aus einem Maschinengewehr: »Schau dir den da an! *Hai visto, hai visto, hai visto*?«

Sie möchte wissen, ob ich den »falschen« Trullo gesehen habe. Er ist fast genauso kalkweiß wie der echte, nur das Kegeldach wirkt ein wenig heller, fast pastellfarben. »Tja«, so Vanjas Kommentar, »das kommt davon, dass *sie* alles *subito-subito* machen wollen.« (Übrigens, in Apulien wie in ganz Süditalien liebt man die Superlative, und man drückt sie aus, indem man ein Adjektiv nicht nur einmal benutzt, sondern zwei-, drei-, zehnmal wiederholt.) Mit »sie« meint Vanja die Spekulanten, die auf die Tradition pfeifen und mit dem Tourismus Geld machen wollen. Ihr Zeigefinger weist hierhin und dorthin: Die Steine sind mit Zement zusammengeklebt! Das Dach des echten Trullo dagegen besteht ausschließlich aus Trockenmauerwerk. Ohne Mörtel!, unterstreicht sie mit Ausrufzeichen, falls es mir entgangen sein sollte.

Hat man, wie Vanja, das Glück, einen authentischen Trullo zu besitzen, und es widerfährt einem das Unglück, dass das Kraggewölbe mit der Zeit zusammensackt, muss man sich an den *maestro trullaro* wenden, sich auf die Warteliste setzen lassen und auch mal zwei Jahre lang Geduld haben, bis der Meister endlich Zeit findet, das Dach traditionsgemäß und fachgerecht zu renovieren. Er stellt alle Steine von Hand her, damit sie, einer in den anderen verzahnt, in einem sich nach oben hin sanft verjüngenden Kreis schuppenartig ausgelegt werden können. Daher der Name: »Trullo« leitet sich vom griechischen *trûllos* ab, »Kuppel«. Jeder Stein – *chianche* oder *chiancarelle* werden die großen und die kleinen Kalksteine genannt – sieht anders aus. Damit die traditionelle Bauweise der *chiancarelle* nicht verloren geht, hat die Region Apulien Kurse ins Leben gerufen, in denen junge Handwerker die klassische Methode erlernen können. Viele der Auszubildenden kommen aus dem nahen Albanien. Haben sie den Kurs absolviert, stellen sie die Steine an ihrem Heimatort her und verkaufen sie weitaus günstiger, als die apulischen Betriebe es können. Offenbar haben sie neben der altbewährten Bauweise auch das kaufmännische Talent übernommen.

Und wie schläft es sich in einem Weltkulturerbe? Wenn Sie mich fragen: *una meraviglia*, wunderbar! Und mir eilt der Ruf voraus, eine Prinzessin auf der Erbse zu sein! Sogar das nachmittägliche Nickerchen bei 38 Grad Sommerhitze ist eine Wonne. Draußen wirken die Sonnenstrahlen wie Feuerzungen auf der Haut. Ich hopse vom Schatten des Feigen- in den Schatten des Olivenbaums, bis ich endlich die Tür öffnen kann. Uff! Drinnen ist es angenehm kühl. Die dicken Mauern halten die Augustglut mühelos ab. Auch im Winter bleibt die Temperatur in den Rundhäusern schön konstant. Vanja sagt, sie fühle sich im Rund der dicken Wände beschützt wie in der sanften Umarmung ihres Liebsten. Was macht es da schon, dass man nirgends ein Bild problemlos aufhängen kann und hinter sämtlichen Möbeln ein halbrunder Abstand zur Wand bleibt?

Auf Vanjas Dach prangt eine weiße Taube: *il simbolo magico*. Jeder Trullo bekommt, wenn er erbaut wird, sein eigenes Symbol, das wie ein kalkweißer Graffito auf das graue Dach gemalt wird. Es sind esoterische, sowohl frühzeitliche als auch christliche Zeichen. Mittlerweile hat man etwa 200 Varianten gezählt. Die Symbole sollen das »böse Auge« – negative Einflüsse jeglicher Art – fernhalten. Zugleich drücken sie den Wunsch des Trullo-Bewohners aus, sich selbst als Teil eines kosmischen Ganzen zu sehen. Die Taube steht für Frieden und Harmonie, das Jupitersymbol für Glück, Sinnlichkeit und Verführung. Das von einem Schwert durchbohrte Herz Mariä deutet auf die starke Bindung an die Familie oder den Liebsten hin. Drei konzentrische Kreise stehen für die Sonne, das Leben, das Auge Gottes. Sie bezeugen Harmonie und Weitsichtigkeit. Auch die Knubbel oben auf dem Dach – die Kugel, der Stern oder die Pyramide – haben irgendwelche mythologischen Bedeutungen. Wie dem auch sei, im vergangenen Jahrhundert haben *i simboli magici* ihre Bedeutung verloren. Jetzt erleben sie, durch die neuen Eigentümer, ihre Renaissance. In Alberobello, Locorotondo und sogar in Bari findet man Poster und Postkarten, auf denen die esoterischen Chiffren abgebildet sind.

Eine weitere Möglichkeit, in Apulien und der Basilikata auf besondere Weise zu übernachten, stellen die *masserie* dar. Eine *masseria,* ein Landgut, war in vormodernen Zeiten eine wirtschaftlich vollkommen unabhängige Einheit. In der Mitte *la casa padronale*, das Wohnhaus des Großgrundbesitzers, rund um den großen Hof mehrere kleinere Häuschen für die Bauern, die Tierställe, Öl- und Getreidemühlen und Zisternen, das Ganze umgeben von Olivenhainen oder Pinienwäldern. An diesen zu Hotels umfunktionierten Gehöften lässt sich die epochale Veränderung ablesen, die Apulien während der vergangenen 20 Jahre durchlaufen hat: von der »Kornkammer Italiens« zum Urlaubsparadies.

In Apulien gibt es mehr Masserie als Sterne am Himmel; es gibt sie in allen möglichen Varianten, von klösterlicher Bescheidenheit bis zum Fünfsterneluxus (eine große Auswahl findet sich auf folgenden Internetseiten: masserie.de; charmingpuglia.it; residenzedepoca.it). Allen gemeinsam ist jedoch, dass man dort beim Mittag- oder Abendessen buchstäblich spürt, was das Wort *divino*, göttlich, meint: Obst und Gemüse kommen frisch vom Feld; das Fleisch von Tieren, die ihr Leben unter der Sonne verbringen durften; der Wein stammt von Trauben, die der Winzer alle mit Vornamen kannte … Wer will, darf auch bei der Olivenernte zuschauen oder mitmachen, wenn die Oliven kalt gepresst werden.

Ein Tipp am Rande: Die Hauptsaison der Masserie beginnt im April und endet im Oktober, aber auch zwischen November und März hat die eine oder andere geöffnet. Und wenn das Wetter gut ist, kann man noch im November sensationell im Meer schwimmen. Das Wasser hat den ganzen Sommer über Sonne und Wärme gespeichert; nun gibt es sie, bevor die kühlen Tage anbrechen, langsam wieder ab. Erfahrungsgemäß ist die Wassertemperatur im Herbst höher als im Mai. Und an diesen Herbsttagen, die eigentlich Spätsommertage sind, hat man Apulien ganz für sich.

Die wahrscheinlich ungewöhnlichste Masseria Apuliens befindet sich im Herzen des Salento. Kein Hotel im klassischen Sinn, sondern ein uriges Wirtshaus, in dem nach jahrhundertealten Originalrezepten gekocht wird. Die *Locanda del fu Giovanni* liegt versteckt hinter Pinienbäumen auf einer kleinen Anhöhe im Örtchen Palla, etwa 35 Kilometer südlich von Lecce. Von Casarano kommend, folgt man dem Hinweisschild und biegt in eine enge, gewundene Straße ein. Der Waldboden ist mit Piniennadeln übersät, deren Duft durchs Autofenster strömt.

Auf einer Terrasse vor dem Haus sind Tische mit rotweiß karierten Tischdecken und dem charakteristischen Geschirr gedeckt: In der Mitte der hellbeigefarbenen Keramikteller kräht, wie auf allen Tellern der Region, ein Hahn. Weiß-grün getupfte Schälchen warten auf die Antipasti. Bis hierher *tutto normale*, würde man meinen. Öffnet man jedoch die Eingangstür, zeigt sich, dass hier – abgesehen von den elektrischen Leitungen – alles noch so ist, als hätte es die letzten vier Jahrhunderte nie gegeben. Der Boden aus gestampftem Lehm ist einfach weiß gekalkt. Ein paar Stufen führen zum Kamin, neben dem ein Sofa unter einem roten, etwas verschlissenen Gobelin verschwindet. Durch eine Bogentür gelangt man in den eigentlichen Speisesaal, einen länglichen Raum mit Tischen und Stühlen aus den unterschiedlichsten Epochen.

Die Eigentümerin, Adriana De Lorenzis, hat das Lokal so belassen, wie sie es von ihrer Familie übernommen hat. Und die hat vor ihr das Gleiche getan. Vehement wehrt sie sich gegen jedes noch so winzige Detail, das ein wenig zu modern anmuten könnte. Alles soll sein wie in einem Gasthaus des 17. Jahrhunderts. Und es muss auch schmecken wie im alten Königreich beider Sizilien. Gemeinsam mit ihrem Ehemann Nicola hat Adriana altehrwürdige Kochbücher gewälzt – auf der Suche nach historischen Gerichten, die sie mit heutigem ernährungswissenschaftlichen Wissen nachkocht. *Manzo alla Borgognona* etwa, Rindfleisch, das stundenlang in Burgunder geschmort wird. Oder *sagne torte*, hausgemachte gewellte Bandnudeln in einer aromatischen Salsiccia-Soße.

So etwas verzehrten durchreisende Ritter bei ihrer abendlichen Tafelrunde. Ein alter Templer, das heißt seine Rüstung grüßt in der Tat noch aus einer Zimmerecke. Sie wurde bei Restaurierungsarbeiten in einer Kammer gefunden, in der angeblich um das Jahr 1000 die Templer weilten, um ihre Sachen trocknen zu lassen. Im daruntergelegenen Raum wurde Feuer gemacht, und durch ein ausgeklügeltes System gelangte die Wärme in die obere Kammer.

Die Geschichte der Masseria reicht noch viel weiter zurück. Sogar Marmorfragmente eines Sarkophags aus dem 5. oder 6. Jahrhundert v. Chr. haben Adriana und Nicola gefunden. Die Masseria Palla befand sich unweit einer wichtigen Verbindungsstraße nach Lecce und diente vermutlich von jeher als Gasthaus. Seit welchem Jahrhundert

Giovannino, das Gespenst eines Kindes, in den alten Mauern umgeht, ist nicht bekannt. Sicher ist nur, dass der geisterhafte Knabe für ein gelegentliches Glas Milch die Masseria vor allem Unheil bewahrt.

Und Adriana und Nicola verstehen sich als Bewahrer des guten Essens. Die Besonderheit der *Locanda del fu Giovanni* sind nicht nur die ausgefallenen Abendessen bei Kerzenlicht, bei denen Bedienstete in historischem Gewand seelenruhig zwischen den Tischen wandeln und Köstlichkeiten aus der europäischen Küche servieren. Adrianas Motto lautet: *Mangiare bene e stare bene,* gut essen und sich wohlfühlen. Das Wohlbefinden entsteht aus der Qualität der Zutaten und der Zeit, die man sich nahm, um diese nach strengen biodynamischen Regeln direkt auf dem Hof zu produzieren. Auch das Fleisch wird im Nachbarort bestellt, bei Bauern, mit denen Adriana und Nicola sogar die Bestandteile des Tierfutters penibel besprochen haben. Also kein Restaurant im herkömmlichen Sinn. Um hier zu speisen, muss man dem Kulturverein *Associazione culturale La locanda del fu Giovanni* beitreten. Aber keine Angst: Es reicht eine E-Mail, um aufgenommen zu werden.

Auch in der Basilikata stehen originelle Behausungen zum Übernachten bereit. Materas berühmt-berüchtigte *Sassi,* die Höhlenwohnungen, in denen noch bis 1953 Menschen und Tiere unter erbärmlichen Bedingungen zusammenlebten, sind nicht nur ein spektakuläres Kulturdenkmal, das seit 1991 wie die Trulli das UNESCO-Siegel trägt – sie sind auch das teuerste Fleckchen Erde der gesamten Basilikata. Viele sind von privaten Investoren gekauft beziehungsweise gepachtet und zu schicken Designhotels umgebaut worden: Vier- und Fünfsternehäuser wie das schmucke *Hotel San*

Pietro oder das größere und teurere *Sant'Angelo* mit integrierten Thermen und Wellnessparadiesen, die mit Kreationen von der letzten Mailänder Möbelmesse ausstaffiert sind. Wem der Aufenthalt im unterirdischen Raum – hier lebten schon die Höhlenmenschen während des Paläolithikums (also vor über 20 000 Jahren) – doch zu apart erscheint, der kann sich für kleinere, moderne Designhotels entscheiden. Im Rezeptionsbereich des *Basiliani* zum Beispiel bewundert man durch den Glasfußboden eine unterirdische Zisterne. Und aus den Fenstern schaut man direkt auf die kahle, prähistorische Bergwand. Kein Wunder, dass Pier Paolo Pasolini bei diesem erhabenen Anblick »seine ganze Sehnsucht nach dem Mythischen, nach dem Epischen, nach dem Tragischen« stillen konnte (siehe Kapitel *Reise ins unsichtbare Lukanien*).

Wem die Sassi zu tief, die Masserie zu ländlich und die Trulli zu rund sind, der kann sich in einigen der hohen, eckigen Sarazenentürme einmieten, die an der ganzen apulischen Küste entlang aufs Meer hinausstarren. Früher sollten sie vor unliebsamen Besuchern von der anderen Seite des Horizonts warnen. Jetzt heißen zumindest einige von ihnen die Fremden sogar willkommen.

Sommer in Apulien oder: Aus dem Meer wachsen die Tomaten

Es war ein heißer August. Von meinem Balkon im Spanischen Viertel Neapels aus sah ich, wie nach und nach die Geschäfte für den *ferragosto* schlossen, den Feiertag am 15. August. Ich hatte keine Lust, mit gefühlten zwei Millionen Italienern an einem kleinen Strand bei Neapel zu hocken. Stattdessen lockte Apulien mit seinen fabelhaften Stränden. Wir fuhren hin.

Anders als in Kampanien, im Latium oder in der Toskana sind in Apulien und der Basilikata die Strände frei. Eigentlich sollte laut italienischem Gesetz der Zugang zu allen Stränden kostenlos sein. Aber seltsamerweise gilt das nicht überall. Und keiner weiß, warum. Wie oft habe ich mich in Neapel über die saftigen Preise der Strandclubs geärgert! Man fährt zum Beispiel an der schönen sorrentinischen Küste entlang, aber das Meer befindet sich hinter Absperrmauern. Die Bucht ist komplett abgeriegelt. Man muss das Auto parken und eine *discesa* lösen, eine Einlasskarte. Wenn man dann endlich unter dem Sonnenschirm sitzt, fragt man sich, ob vielleicht auch die Meeresbrise *a pagamento* ist. Kurzum: Ein Tag am Strand zu zweit kostet in meiner Gegend ungefähr 40 bis 50 Euro.

In Apulien und der Basilikata ist es anders. Am Meer gibt es zwar *i servizi* – eine Bar, wo man Liegestühle und einen Sonnenschirm mieten kann, aber wenn man nichts braucht außer dem eigenen Badetuch und einem Bikini, ist das Glück auch so vollkommen, und keiner verlangt gepfefferte Eintrittspreise. Zum Beispiel kann man von Torre Canne (Nähe Fasano) bis Punta Penne (Nähe Brindisi) fast ununterbrochen am Strand entlangwandern, von einer Bucht zur nächsten. Apropos – ich würde vorsichtshalber Gummischuhe mitnehmen: Hier und da sind die Buchten durch flache Felsen voneinander getrennt, zum Beispiel zwischen der Marina di Ostuni und der Costa Merlata. Der Namenszusatz »mit Zinnen versehen« bezieht sich weniger auf einen antiken Beobachtungsturm als vielmehr auf die Beschaffenheit der Küste selbst, die hier aus winzigen Meerbusen besteht und, von oben betrachtet, wie der Wehrgang einer Burgmauer aussieht – oder wie eine Häkelspitze, denn auch das steckt in dem Wort *merlata*. Hellgelb schimmert der Sandboden und verleiht dem Wasser jenen transparenten grünblauen Farbton, für den Apulien berühmt ist. Wunderbar ist es auch auf der ionischen Seite. In Torre Vado und Marina di Pescoluse reibt man sich immer wieder die Augen und fragt sich: Ist diese phantastische Landschaft am Meer real?

Viele Strände am Absatz des italienischen Stiefels schmücken sich mit der *bandiera blu,* der blauen Flagge, die alljährlich aufs Neue für einwandfreie Wasserqualität, professionelle Dienstleistungen und nachhaltigen Umweltschutz vergeben wird (www.bandierablu.org). Die apulische Badesaison beginnt am 15. Juni und endet am 15. September – das hat die Landesregierung so bestimmt. Selbstverständlich kann man in den Wellen tollen wie ein Delfin, solange und wann immer man will, auch an Weihnachten. Aber mitunter gerät man in skurrile Situationen, wenn man außerhalb der Saison badet. Meine Freundin Vanja, die an einem Gymnasium Deutsch unterrichtet, begleitete vor ein paar Jahren eine Gruppe von Austauschschülern aus Wuppertal auf einem Ausflug nach Polignano a Mare. Es war einer jener strahlenden Herbsttage, die mit dem deutschen November wenig zu tun haben. Die Sonne schien, die reine, leichte Brise trug noch den Duft des Spätsommers, und die Temperatur erreichte milde 22 Grad. Sobald die Jugendlichen das türkisfarbene Wasser in der Bucht von Polignano sahen, waren sie nicht mehr zu halten. Im Nu zogen sie sich aus und sprangen johlend hinein. Indes erregten ihre schrillen Freudenschreie die Aufmerksamkeit zweier Polizisten, die gerade in der Nähe waren. Als sie die deutschen Schüler im Meer erspähten, rissen sie sich die Uniformen vom Leib und stürzten sich, ohne eine Sekunde zu überlegen, mit dramatischen Gesten in die Wellen, um die Schüler vorm Ertrinken zu retten! Als brave Süditaliener wären sie niemals auf den Gedanken gekommen, dass Mitte November jemand freiwillig ins Wasser gehen könnte. Die Situation klärte sich bald mit großem beiderseitigen Gelächter. Wenn man also außerhalb der Hauptreisezeit badet, kann man nicht damit rechnen, dass ein *bagnino,* ein Bademeister, da ist, aber ein heldenhafter Retter findet sich immer.

Ungeachtet der offiziellen Regelung zu den Strandzeiten habe ich – vor allem an Wochenenden – sowohl im Mai als auch im Oktober erlebt, dass Strandbars geöffnet sind. Aber braucht man solche Badeanstalten unbedingt? Die meisten B&B leihen ihren Kunden Sonnenschirme und Liegestühle kostenlos aus. Ehrlich gesagt, würde ich sogar im zivilisierten Apulien und in der Basilikata um die Strandclubs einen großen Bogen machen, schon allein wegen der Musik, die unentwegt aus den Lautsprechern hämmert. Am schlimmsten ist es an dem Wochenende, an dem die Schulferien beginnen. Großfamilien; lärmende Kinder; Jugendliche, die Volleyball oder Strandtennis spielen; schmusende Pärchen; Männer, die am Wasser hin und her laufen und wild gestikulierend telefonieren, während ihre Frauen in der Sonne brutzeln wie Würste auf dem Grill. Oft habe ich mich mit Freunden über diese verrückte Sache des italienischen Sommers unterhalten: Ab dem 1. August sind die meisten Strände und Buchten voll besetzt. Am 31.8. – Abrakadabra … – werden sie wieder menschenleer.

Trotzdem möchte ich an dieser Stelle eine Lanze für den Sommer brechen. Wer die heißen Sonnenstrahlen liebt oder nur in dieser Zeit Ferien bekommt, ist in Apulien genau richtig. Der August hat sein ganz eigenes, unverwechselbares Aroma: *I pomodori* sind reif! Für uns Süditaliener ist es der süße und erfrischende Geschmack der Tomaten, der diesen Monat ausmacht. Die Ernte hat zwar schon im Juli begonnen, aber ein Teil der Früchte wird nicht sofort auf dem Markt verkauft, sondern liegt einige Wochen zum Trocknen in Kisten und wird dann zu dicken korallenroten Trauben zusammengeknüpft. Vielleicht sind solche Bündel Ihnen schon einmal bei Bekannten auf dem Küchenbalkon oder in der einen oder anderen besonders urigen Masseria aufgefallen. An einem gut gelüfteten Ort halten sie sich neun bis zehn Monate.

Zwischen Fasano und Ostuni wird eine ganz besondere Sorte gezüchtet: Diese Tomate heißt *regina,* weil sie die

Königin des Sommers ist. Da sie in unmittelbarer Nähe der Buchten wächst, schmeckt sie herb und salzig wie das Meer. Frisch geschnitten im Salat, braucht sie keine zusätzliche Würze. Übrigens, es handelt sich um eine geschützte Sorte, ein *presidio slowfood*. Das bedeutet, *il pomodoro regina* ist nur bei Fasano zu bekommen. Und zwar ausschließlich auf dem Wochenmarkt oder direkt beim Bauern. Die 1989 gegründete Vereinigung Slow Food hat Produzenten, Bauern und Agrarwissenschaftler zusammengebracht mit dem Ziel, unter anderem besondere Obst- und Gemüsesorten zu schützen, die durch die globalisierte Lebensmittelindustrie im Begriff waren, vollständig ausgelöscht zu werden.

In Apulien gibt es mittlerweile 18 *presidi*, geschützte Sorten. Zum Beispiel *le carote di Polignano a Mare*: Haben Sie schon mal zitronengelbe oder rotviolette Karotten gegessen? *La Bastinaca di San Vito* ist keineswegs das Ergebnis verrückter Experimente. Ganz im Gegenteil, einige kleine Bauernbetriebe verzichten vollständig auf die Hybridzüchtung, die Form und Farbe der Wurzel bestimmen soll, und wählen stattdessen die aromatischsten unter ihren Rüben und pflanzen sie immer weiter. Der intensive Geschmack der Karotten entsteht aus den sandigen Böden mit ihren Salzadern. Dass man es mit einer *signora verdura*, einer Grande Dame des Gemüses , zu tun hat, riecht man bereits, wenn man an Wochenmarkttagen in Polignano unterwegs ist. Der frische Duft der Rüben führt einen direkt zu den Verkäufern, die in der Nähe des Bahnhofs auf Kundschaft warten.

Falls Sie einige bunte Exemplare davon mit nach Hause nehmen, wird es in Ihrem Koffer nach dem herrlichsten Gemüsegarten riechen. Den Geschmack brauche ich nicht zu beschreiben. Die älteren unter den Lesern werden an die

Zeit ihrer frühen Kindheit denken, als eine Möhre echt nach Möhre schmeckte.

Und wenn der Sommer seinen Zenit erreicht hat, werden an der südlichsten Spitze Italiens, dem Salento, die Tomaten getrocknet. Zwischen dem kleinen Badeort Torre San Giovanni (auf der ionischen Seite) und Ugento kann man im Vorbeifahren auf den Feldern weiß bemützte Menschen beobachten, die sich mit dieser Kunst beschäftigen. Auf meterlangen Tafeln liegen Millionen Tomatenhälften unter dünnen Netzen. Die Arbeiter – unter ihnen sind immer auch Freiwillige, die gegen Naturalien einfach mitmachen wollen – nehmen mit großer Sorgfalt die kräftig roten Früchte in Augenschein und wenden sie, wo sie noch feucht sind, in Richtung Sonne, damit sich kein Schimmel einnisten kann.

Jetzt ist es wirklich heiß. Wie wäre es mit einer erfrischenden *granita di anguria*? Pürierte, zu Eis kristallisierte Wassermelone, man kann fast süchtig danach werden. Wie nach dem Sommer in Apulien …

Applaus für die Sonne in San Vito

In den Sommerferien sollten Sie den Tag lieber nicht *all'italiana* gestalten, sondern sich antizyklisch verhalten. Dann beschert Ihnen Apulien wunderbare Augenblicke. Übernachten Sie nicht in den überfüllten Hotels an der Küste, sondern in einer netten Masseria ein paar Kilometer landeinwärts – zum Beispiel in Ostuni. Ostuni liegt in der Mitte von Apulien, von hier aus sind die schönsten Orte der Region innerhalb einer Autostunde zu erreichen. Auch die Basilikata ist nur einen Katzensprung entfernt. Und zum Meer sind es nur ein paar Minuten. Fahren Sie früh am Morgen los, wenn die Italiener den Rausch des vorigen Abends ausschlafen. Gegen elf kehrt man zurück zum eigenen Nest und entspannt im Schatten eines Baums im Olivengarten.

Nach einem Imbiss und einem Nickerchen stellt sich die Frage: Zurück zum Strand und bei Sonnenuntergang baden oder lieber ein Städtchen besuchen, zum Beispiel Locorotondo, Martina Franca oder, weiter nördlich an der Küste, Polignano a Mare oder Trani? Die Frage ist gemein, denn all diese Orte sind wunderschön.

Im Hochsommer haben sie allerdings zwei Gesichter. Am späten Nachmittag und bis zum Einbruch der Dunkelheit empfangen sie einen mit dem Flair des ruhigen Provinznests. Die Geschäfte öffnen wieder nach der langen Mittagspause, auf den Trottoirs werden gemächlich die Tische der Restaurants gedeckt. Noch ein freier Augenblick für die Kellner, um vor dem Ansturm der Gäste an ihrer Zigarette zu ziehen. Um diese Zeit wirken die Orte noch ein wenig verschlafen. Die vielen Postkarten- und Souvenirläden lassen erahnen, wie die Touristen-Rushhour aussehen kann, aber noch ist der Abend sanft. Ein paar Rentner gehen spazieren, andere sitzen klönend auf einer Bank unter einem Baum. Indes kehren die Urlauber vom Strand zurück. Krebsrote Gesichter suchen an geöffneten Autofenstern Kühlung. Kinder schneiden Grimassen. Während die Masse nach Hause eilt und sich für den Abend frisch macht, trinken Sie ein Glas Wein – zum Beispiel Salento Rosé – auf einer Aussichtsterrasse, und Sie fühlen sich wie der *padrone*, der Herr dieses kleinen Fleckchens Apulien.

Gegen 21 Uhr wird Dr. Jekyll-Ostuni (oder -Trani oder -Locorotondo) zu Mr Hyde. Der anmutige Ort füllt sich mit Menschen. In den Gassen des historischen Zentrums herrschen Gedränge und Geschiebe. Ganz Süditalien scheint auf den Beinen. Die Frauen haben sich herausgeputzt, es duftet nach Armani und Prada. Und jetzt schlendern sie mit ihrem Liebsten über die Promenade – beziehungsweise sie versuchen zu schlendern. Immer wieder bleibt ein Absatz zwischen den Pflastersteinen stecken. Aber wenn der Stiletto nicht mindestens *tacco 100* ist, braucht man gar nicht erst auszugehen, denkt die Apulierin. Jetzt ist der Augenblick gekommen, sich in die Masseria zurückzuziehen. Man sitzt auf der Terrasse, schaut auf die ländliche Idylle und atmet den Duft von trockener Erde und mediterranen Kräutern. Oder man liegt in der Hängematte unter dem nachtblauen Himmel. Man atmet aus und lässt alles einfach geschehen. Und siehe da: eine Sternschnuppe.

Am 10. August wird überall in Italien die Nacht des San Lorenzo zelebriert. Man fährt aufs Land hinaus oder zu einer einsamen Bucht am Meer, wo es keine künstliche Beleuchtung gibt, um dort dem Naturschauspiel der Laurentiustränen beizuwohnen. Auch ich schließe die Augen und denke: Bitte, bitte, bitte, heiliger Lorenzo, unsere tägliche Sternschnuppe gib uns heute!

»Ja«, höre ich eine Stimme in mir. »Aber gestattest du, dass ich dich auf die Himmelsrichtung hinweise?« Nicht beim Großen Wagen, wo ich beharrlich hingeschaut habe, sondern beim Perseus regnen die Sternschnuppen. Mit dem Kometenstaub verglüht ein Tag des Urlaubs. Aber in einem bin ich mir sicher: Ein Himmelswunsch ist schon in Erfüllung gegangen – dieser Urlaub unter dem apulischen Sternengewölbe ist der schönste seit Langem.

Von einem weiteren märchenhaft-mythischen Ritual möchte ich erzählen, das jedes Jahr am 1. September in San Vito, einem kleinen Ort 25 Kilometer südlich von Bari, vollzogen wird. Dort thront eine spektakuläre antike Abtei, *l'abbazia di San Vito*, die See zu Füßen. Die Spitze des alten Glockenturms ist bereits von Weitem zu sehen, wenn man von der Landstraße in Richtung Küste fährt. Dort angekommen, muss man bis zum winzigen Bootshafen laufen und sich umdrehen, um die grandiose Pracht des verfallenen Gebäudes bewundern zu können. Die Bögen und Balustraden aus hellem Sandstein scheinen in ruhigem Dornröschenschlaf zu liegen.

Die gleiche entrückte Stimmung ist am Ufer zu spüren. Ein Weg führt vorbei an zwei Buchten zu einem imposanten Beobachtungsturm aus dem 14. Jahrhundert. Am ersten Septembertag, der für die Italiener das Ende des Sommers bedeutet, versammeln sich vor Sonnenaufgang Menschen jeden Alters. Um diese Stunde ist der kleine Hafen in lavendelblaues und rosarotes Licht getaucht. Während der Himmel in heller Rosenfarbe erstrahlt, haben die Wellen noch die düstere Farbe der Nacht. »Das weinfarbene Meer« nannte es Homer, dunkelrot bis dunkelblau changierend wie die Trauben. Einige Leute ziehen sich aus und baden, anderen ist es noch zu kühl. Sie frösteln in ihren dünnen T-Shirts. Eine junge Frau hat sich die Kapuze über den Kopf gezogen und gähnt demonstrativ. Aber alle, ausnahmslos alle stehen mit den Füßen im Wasser und schauen gen Osten: Sie sind hier, um die Sonne des neuen Monats zu begrüßen. Die Atmosphäre ist ein wenig konspirativ – immerhin handelt es sich um einen Geheimtipp – und ziemlich feierlich: Man nimmt Abschied von den heißen Sommerstunden und bereitet sich innerlich auf die kühleren Herbsttage vor. Vielleicht ist dies einer der wenigen Augenblicke im Leben, in denen man die Gegenwart berühren kann und die Zeit Sekunde für Sekunde langsam vor sich gerinnen sieht.

Bald glüht der Himmel golden und hellblau. Geplätscher der Wellen, die gegen ein paar Holzboote schlagen, ungeduldiges Murmeln der Anwesenden, und dann, um 6:16 Uhr: »*Eccolo, eccolo!*« Da ist sie, *il primo sole*, die erste Sonne im September! Unisono brandet Applaus auf. Die kleine Gemeinde klatscht sich die Seele aus den Händen und jubelt: »*Benvenuto!!! Grazie!!!*« Ein emotionaler Willkommensgruß, der einen fast zu Tränen rührt. Die junge Frau mit der Kapuze breitet beide Arme aus und brüllt in Richtung des goldenen Balls: »*Ti voglio bene,* ich liebe dich!«, während eine kleine Gruppe älterer Frauen singt: »*Bella tu sei qual sole*, so schön wie die Sonne«, ein Kirchenlied, das die Anmut der heiligen Jungfrau Maria preist. Die Legende besagt, dass der Sonnenaufgang des 1. September Glück verheißt. Wenn man die Sonne (oder die Madonna, da sind sich die Leute hier nicht ganz einig, aber das macht nichts, es geht ja vor allem um den frommen Gedanken) reinen Herzens anbetet, wird ein großer Wunsch in Erfüllung gehen. Vor allem aber wird man in der kühlen Jahreszeit von Erkältung und Krankheiten verschont bleiben. Man ahnt: Es muss sich um einen sehr alten Brauch handeln. Nicht zufällig sind die Abtei und der Sarazenenturm auf einem ehemaligen heiligen Ort der Griechen errichtet worden. Und unter Kaiser Augustus zelebrierte die römische Provinz Kleinasien den September als Jahresbeginn. Ob die Wünsche wirklich in Erfüllung gehen? Bei mir hat es funktioniert – also, probieren sollte man es auf jeden Fall!

Il mare

Was übers Meer nach Otranto kam

»Ich liebe das Meer wie meine Seele. Oft wird mir sogar zumute, als sei das Meer eigentlich meine Seele selbst«, schrieb Heinrich Heine – zwar beim Anblick der Nordsee. Aber ich muss immer wieder daran denken, wenn ich entlang der sonnigen süditalienischen Küste unterwegs bin. Ob Nord oder Süd – das Meer weckt immer besondere Emotionen in uns: Es vermittelt die Vorstellung »des Unendlichen«, des »Unbeschränkten« (Hegel). Der bezaubernde Klang der Wellen wirkt tausendmal entspannender als eine Meditationsstunde selbst beim besten Guru. Apuliens Küstenlandschaft berührt mich jedes Mal zutiefst. Vor allem habe ich an diesen Buchten gelernt, die Überheblichkeit des Neapolitaners abzulegen.

Ich muss an dieser Stelle eine kurze Beichte ablegen: Ein bisschen ist es doch so, dass wir auf der westlichen Seite Italiens uns für etwas Besseres halten. Unsere »Golfe und Buchten, Inseln und Erdzungen« (Goethe) waren feste Etappe der aristokratischen Grand Tour. Nicht zu vergessen – Neapolitaner schmieren einem das ständig aufs Brot: Zwischen Sizilien und Neapel verlief Odysseus' berühmte Irrfahrt. »Aufrecht stehend am Maste, mit festumschlungenen Seilen« trotzte der Sohn des Laërtes der Verlockung der Sirenen. Tatsächlich aber kann Apulien durchaus mit der westlichen Seite des Landes konkurrieren, ist es doch voller Echos aus der Geschichte und aus der Mythologie.

Von antiken Weiten kamen die Griechen zunächst hierher und gründeten Großgriechenland. Immer wieder lässt mich die apulische Küstenlandschaft an diese mutigen Seefahrer denken, die unter großen Gefahren mit dem Morgenland Handel trieben. »Das Meer trennt und verbindet zugleich, es schreckt ab, es isoliert, und es macht einsam, aber es öffnet auch Wege zu neuen Ufern«, schreibt der Kulturwissenschaftler Dieter Richter über »die Geschichte der ältesten Landschaft«. Apulien, das »Land zwischen zwei Meeren«, war dafür prädestiniert, sich dem Vorderen Orient und Asien zu öffnen und mit diesen Regionen intensive Handelsbeziehungen zu pflegen. Gerade deswegen war es mehrere Jahrhunderte hindurch beliebtes Ziel nicht von Touristen wie heute, sondern von Piraten, vor allem von Arabern und Türken, die ab etwa 700 n. Chr. in Richtung Westeuropa vordrangen. Davon zeugen noch heute die rechteckigen Beobachtungstürme an Apuliens Gestaden.

Untrennbar verbunden mit diesem düsteren Kapitel der Geschichte ist das Städtchen Otranto ca. 35 Kilometer südöstlich von Lecce. Otranto war im Jahr 1480 Schauplatz eines blutigen Gemetzels, das damals ganz Europa schaudern ließ.

28. Juli 1480, ein Tramontana-Wind bläst über das Meer. Fischer breiten wie jeden Tag am Strand ihre Netze aus. Plötzlich erspähen sie am Horizont eine große Flotte osmanischer Galeeren. In diesem Moment ändert sich das Leben in Otranto radikal. Die Literaturwissenschaftlerin Maria Corti (1915–2002) lässt in ihrem Erzählband *L'ora di tutti (Die Stunde aller)*, 1962 diese Zeit lebendig erstehen. Das Buch gibt es zwar noch nicht in deutscher Übersetzung, aber eine englische ist unter dem Titel *Otranto* erhältlich. Die Autorin rekonstruiert das Leben der Otrantiner: »arbeitsreiche, aber sorglose Tage am Meer auf flinken Ruderbooten und stille Abende zu Hause mit Frau und Kindern«. Als der Bote des türkischen Wesirs Gedik Akmed Pascha erscheint, wird das alles mit einem Mal ausgelöscht. Der osmanische Herrscher lässt ausrichten, dass er die Stadt für sich will. Die Einwohner haben die Wahl: Entweder sie ergeben sich, konvertieren zum Islam und dürfen am Leben bleiben, oder es erwartet sie ein schrecklicher Tod.

»Weggehen? Heidnisch werden? Auf gar keinen Fall!«, schreien die Otrantiner. »Warum sagen sie, dass wir sterben müssen?« Und: »Wie wäre es denn, wenn sie sterben würden?«

Sie entscheiden sich für den Widerstand, verschanzen sich in der Zitadelle. Der Krieg beginnt. Am Ende dieser zähen Auseinandersetzung wird kein Einziger mehr am Leben sein. Die Otrantiner sind den Türken hoffnungslos unterlegen. Weder verfügen sie über Verteidigungsanlagen noch über Kanonen.

»Auf 140 osmanischen Schiffen, darunter 40 Galeeren, überquerten 18 000 Soldaten die Meerenge« zwischen Albanien und Italien (David Abulafia: *Das Mittelmeer: Eine Biographie*). »Nach der Einnahme der Stadt ließ Ahmed Pascha die männliche Bevölkerung hinschlachten, nur 10 000 von insgesamt 22 000 blieben am Leben, und davon schickte man 8000 als Sklaven nach Albanien hinüber [...] Anschließend schwärmten die Türken in Süditalien aus und plünderten die benachbarten Städte.«

Weit weg, in Neapel, der Hauptstadt des Königreichs beider Sizilien, macht sich indes König Ferdinand I. Sorgen. Warum erhält er seit einem Monat keine Nachricht aus Otranto? Am 8. September zieht er mit einem kleinen Heer nach Apulien und stellt fest, dass das Städtchen verloren ist. Man befürchtet, dass die Türken nach Rom vordringen wollen. Papst Sixtus IV. schickt 14 Galeeren. Auch Spanien und Ungarn entsenden Truppen. Nur Venedig hält sich zurück. »Dort erklärte man, allzu erschöpft von jahrzehntelangen Auseinandersetzungen mit den Heeren und Flotten des Sultans zu sein«, schreibt Abulafia und verweist auf die Doppelzüngigkeit der Venezianer, die sich den Türken nicht widersetzten und dadurch teilweise die Kontrolle auf der Adria erlangten. Auf Kosten der Apulier.

Erst nach einem Jahr können die neapolitanischen Soldaten ins Städtchen einrücken. Der Legende nach finden sie auf einem Hügel eine apokalyptische Szene vor: achthundert Leichen, alle enthauptet, die Leiber unversehrt. *I martiri di Otranto,* die Märtyrer von Otranto, schreit ganz Europa entrüstet. Sie wurden hingerichtet, weil sie sich weigerten, dem Christentum abzuschwören.

Mein Freund Mimmo lacht herzlich, wenn ich ihm erzähle, was ich in verschiedenen Aufsätzen und historischen Romanen über Otranto gelesen habe. In zahlreichen Publikationen wird das Ereignis mit dem Attentat auf die New Yorker Twin Towers am 11. September 2001 verglichen. Mimmo – Literaturwissenschaftler und ausgemachter Skeptiker – winkt ab. Dann beugt er sich verschwörerisch zu mir herüber und senkt die Stimme, als wolle er mir ein Geheimnis anvertrauen. »Ja, es stimmt«, meint er, in der Kathedrale ruhten die Gebeine der Märtyrer von Otranto. Es sei nachgewiesen, dass viele, viele Menschen gestorben seien. Aber es gebe auch ein Gerücht, dem zufolge die Schädel und Knochen, die in der Kirche in Vitrinen zur Schau gestellt wurden, weitaus mehr Türken als Italienern gehört hätten.

Ich reiße die Augen auf. »Nein, Mimmo«, versuche ich zu erwidern. »Ich habe aber gelesen …«

Mimmo schüttelt energisch den Kopf.

»Ich schwöre dir, ich *habe* es gelesen«, wiederhole ich mit Nachdruck.

Er formt die Finger seiner rechten Hand zu einer Blume, die hin und her geschüttelt wird: »Maria Ca'«, sagt er mit Nachdruck (in Apulien werden die Namen immer so abgekürzt), »das ist eine *Legende*. Man kann nicht mit Sicherheit sagen, wie viele Moslems und wie viele Christen gestorben sind, auch wenn hochkarätige Historiker meinen, sie könnten präzise Zahlen liefern.« Man wisse es nicht. Viel interessanter sei ohnehin eine weitere Sage, die viel über den Charakter der Gegend verrate. »Und das ist *vielleicht* eine *wahre* Legende«, fügt er augenzwinkernd hinzu:

Dort, wo sich heute die Kathedrale Santa Maria dell'Annunziata befindet, soll um das Jahr 1000 ein Tempel gestanden haben, der im Schichtsystem von Christen, Juden und Moslems gemeinsam genutzt wurde – die pragmatische, vorurteilslose Ader der apulischen Seele. Ob nun Wahrheit oder Legende – heute ist die Kathedrale wegen ihres kunstvollen Mosaikfußbodens ein Muss. Das gesamte Alte Testament in Bildern, angereichert um ein paar Monster und Sirenen, die eigentlich nicht in den christlichen Glaubenskanon gehören, aber hier vermutlich die älteren Rechte hatten …

Bianca Mattinata (Gargano)

Es fällt mir nicht leicht, eine Empfehlung abzugeben, wo das Meer denn nun besonders zum Baden und Verweilen einlädt, denn in Apulien ist die Vielfalt an bezaubernden Orten besonders groß. Deshalb im Folgenden eine ganz persönliche Auswahl ohne Anspruch auf Vollständigkeit.

Der Sporn Italiens, wie das Vorgebirge des Gargano genannt wird, nimmt in meinem Privatleben eine besondere Bedeutung ein. Hier habe ich mit meinem Freund so heftig gestritten, dass ich ihn beinahe wie eine Kanonenkugel über die blauen Wellen der Adria in Richtung Albanien geschossen hätte. Hier haben wir – ein Jahr nach dem Streit – unsere unvergesslich schönen Flitterwochen verbracht. In Apulien gibt es Dutzende romantischer Orte, die mit ihren bezaubernden Ausblicken aufs Meer das Herz weich werden lassen. Vor allem wenn man in der richtigen Gesellschaft ist.

Der Gargano liegt ca. 160 km von Bari entfernt. Hinter Foggia ändert sich die Landschaft dramatisch. Man lässt das Flachland hinter sich und die gelben Kornfelder, denen Apulien den Namen »Kornkammer Italiens« verdankt, und blickt zunächst auf eine karge, felsige Gegend. Dahinter streckt sich eine riesige Landzunge ca. 70 Kilometer weit ins *mare adriatico*. Sie ist nicht nur voller Pinien- und Olivengärten. Mitten in ihrem Herz wächst die *Foresta Umbra*, ein dichter Wald von schattenspendenden Buchen, Eichen und Ahornbäumen. Ein Wald, wie es ihn eigentlich in Süditalien, abgesehen vom Pollino-Gebirge in der Basilikata, nicht gibt. Alles kommt vom Osten, muss ich schon wieder seufzen. Sogar ein Stück Land kam vor Millionen von Jahren herübergeschwommen.

Geologisch ähnelt diese Gegend eher der gegenüberliegenden Küste Dalmatiens als Süditalien. Weil mich Dinosaurier brennend interessieren – wenn man nach Apulien reist, kann man nicht umhin, sich für dieses Thema zu begeistern–, habe ich nachgelesen: So sind zum Beispiel im karstigen Murgia-Gebiet zwischen Altamura und Matera gewaltige Fußspuren einer Riesenechse gefunden worden. Und anscheinend befand sich dort, wo heute der Gargano ist, einst eine große blaue Lagune, wie wir sie aus der Karibik kennen. Vor 145 Millionen Jahren! In den Felsen auf dem Gargano hat man Fossilien von Korallen gefunden, die nur in tropischem Klima wachsen können. Damals existierte die Gebirgskette des Appenin noch nicht, und ganz Süditalien war nichts anderes als eine Ansammlung einzelner Atolle. Später – Millionen Jahre gingen dahin, epochale Klimaveränderungen fanden statt – stieß die paradiesische Insel aus dem Osten mit dem aus dem Meer gewachsenen Bergrücken zusammen. Es war die Geburtsstunde des Gargano, der *tartaruga,* der Schildkröte, wie die Einwohner ihre Gegend liebevoll nennen – wohl wegen der vielen Hohlräume unter ihrem Panzer. Deswegen ist diese Gegend beliebtes Ziel von Speleologen, und regelmäßig findet hier die nationale Tagung der italienischen Geologen statt.

Beim ersten Besuch war unser Hauptziel die Küste. Zwischen Mattinata, das am Golf von Manfredonia liegt, und

Peschici, das gen Norden schaut, windet sich die Straße durch Pinienwälder und an atemberaubenden Panoramen vorbei. Luftlinie wäre es zwischen den Fischerdörfern gar nicht weit, ungefähr 27 Kilometer, die Küstenstraße dagegen ist mehr als doppelt so lang. Uns ging es so, dass wir uns nicht entscheiden konnten. Wir kurvten einige Stunden auf der engen Serpentinenstraße. Hin – von Mattinata nach Peschici – und zurück von Peschici nach Mattinata. Das Auto schaukelte, mein Magen auch. Das Gehirn meines Freundes, der am Steuer saß, kochte. Eine bezahlbare Pension erschien uns wie eine Fata Morgana. Nicht nur, weil Hochsaison war und die meisten Hotels ausgebucht waren.

Wir kurvten die Hauptstraße entlang, rechts das weite Meer, links der steinige Berg und die wirre Natur. Wir sahen Werbeschilder, aber leider keine Hotels. Also: Lass uns weiterfahren, warte, da war ein Schild, ich sage dir, da war ein Hotel, wir sind schon vorbei, du fährst viel zu schnell! Wir waren kurz davor, uns zu streiten. Die Wahrheit ist: Wir hatten uns bereits heftig in der Wolle. Und als Sahnehäubchen fiel auch noch die Klimaanlage aus. Bei 37 Grad im Schatten. Beinahe hätten wir die großartige Aussicht auf den Felsen Pizzomunno bei Vieste übersehen.

Ich unterstreiche hier das Wort beinahe. Selbst jemand wie ich, der die ganze Kindheit an der berühmten amalfitanischen Küste verbracht hat, bleibt angesichts der Herrlichkeit des Gargano sprachlos. Östlich von Vieste ragt in der hellen Luft der Pizzomunno, ein 26 Meter hoher Fels, empor. Die traurige Legende vom Fischer Pizzomunno, dessen Geliebte von eifersüchtigen Sirenen entführt worden war und der vor lauter Kummer zu Stein erstarrte, besänftigte uns ein wenig. Geschafft hielten wir endlich am kleinen Jachthafen von Mattinata. Und da sah ich plötzlich das Schild *Noleggio Gommoni*, Bootsvermietung. Verschwitzt und müde von der langen Fahrt, entschlossen wir uns zu einer Pause auf dem Boot. Das hellblaue, durchsichtige Meer lächelte. Die Felsen leuchteten weiß wie Zuckerwatte gegen den majolikablauen Himmel. Vom Boot aus entdeckten wir ein paar Hotels und Ferienhäuser, die wir von der Straße aus gar nicht hatten sehen können, weil sie sich zwischen Pinienwäldern und Felsen verstecken. Nicht alle in der günstigsten Preiskategorie, aber dank des freundlichen Bootsmanns fanden wir eine hübsche und bezahlbare Pension. Der Urlaub war gerettet.

Mattinata besteht aus einem kleinen Hauptort am Hügel, am Hang des Monte Sant'Angelo, sowie zahlreichen Stränden und winzigen Buchten. Und es hat den schönsten Busen, den Italien überhaupt zu bieten hat, nun ja: einen Meerbusen, *la Baia delle Zagare*. In dieser Bucht kann man augenblicklich nachvollziehen, warum der römische Dichter Horaz die Gegend *Bianca Mattinata* nannte: weil das Licht am Morgen so weißgolden glänzt. Blendend weiß ist der Strand, und weiß sind die Klippen, die steil ins Meer abfallen. Im Meer türmen sich zwei Naturwunder, *i faraglioni,* Felsformationen aus hellstem Kalkstein, von denen eine einen Naturbogen bildet. Übrigens: *Zagare* sind die duftenden Blüten der Zitronen- und Orangebäume, die traditionsgemäß bei einer Hochzeit nicht fehlen dürfen. Sie schmücken das Haar der Braut und werden zum Brautstrauß gebunden.

Ihnen wird es vielleicht nichts sagen, einem Inder aber, oh ja, sehr viel. An der Baia delle Zagare wurde das Musical *Housefull* gedreht, das 2010 der zweitgrößte Kinoerfolg in der indischen Filmgeschichte wurde. Die Stars Akshay

Kumar und Deepika Padukone, die vor der bezaubernden Kulisse der Meers und der Faraglioni wild zum Rhythmus der Bollywood-Musik tanzten, ließen 400 Millionen Zuschauer vom »schönsten und romantischsten Ort der Welt« – so die Filmwerbung – träumen. Seitdem haben Inder, die an Italien denken, vielleicht allein Bilder von Apulien im Kopf (siehe auch das nächste Kapitel).

La baia delle Zagare wäre das Eden für Liebende par excellence, hätte man hier das Wort Paradies – aus dem Griechischen: »umgrenzter Garten« – nicht zu wörtlich genommen. Dieses Traumland auf Erden erreicht man leider nicht so einfach, denn es ist von zwei großen Parkhotelanlagen eingeschlossen. Bei einer handelt es sich um einen luxuriösen Fünfsterneschuppen, für den die Geldbörse eines Scheichs vonnöten wäre. Die zweite, erschwinglichere, liegt in einem nach Pinienharz und wildem Rosmarin duftenden Park verborgen.

Die vielen Häuser, die zu dem Hotelkomplex gehören, haben noch die Patina der späten Siebzigerjahre – mit rotbraunen Furniermöbeln und grünen Bodenfliesen. Auch die Kellner scheinen mit einer Zeitmaschine direkt aus den Seventies hergereist zu sein. Beim bloßen Anblick ihrer geröteten Gesichter fiel mir die goldene Regel meines Großvaters ein: Das Leben in Süditalien ist kein Urlaub, es sei denn, man verteilt großzügig Trinkgeld. Dank dieser Lebensweisheit bekamen wir den besten Tisch auf der Restaurantterrasse, mit direktem Blick von der 30 Meter hohen Klippe auf die Faraglioni im Wasser, und das Strandpersonal spannte, sobald es die Krempe meines zitronengelben Strohhuts erspähte, schon den Sonnenschirm an meinem Lieblingsplatz auf. Natürlich auch mit direkter Sicht auf die weiße Felsenattraktion der Bucht.

Der Privatstrand ist durch einen gläsernen Fahrstuhl zu erreichen. Wie gesagt, laut Gesetz müssten alle Strände frei zugänglich sein. Deswegen vergeben die Hotels der Gemeinde Mattinata eine gewisse Anzahl an *ingressi liberi,* freien Eintrittskarten. Aber faktisch macht kein einfacher Tagestourist davon Gebrauch. Zu mühsam ist der Weg: Man muss in großer Entfernung parken – die Hoteldirektion behält den Parkplatz Hotelgästen vor – und den ganzen Pinienwald zu Fuß durchqueren. Also greifen die Einheimischen auf das Boot zurück. Kein echter Mattinateser, der kein Boot besitzt! Und sei es auch nur ein Schlauch-, Paddel- oder Tretboot! Und wenn die *guardia costiera,* die Küstenwache, gerade nicht vor Ort ist, begeht der eine oder andere eine kleine Gesetzwidrigkeit und gönnt sich eine Fahrt durch den Naturbogen der Faraglioni. Es mag verboten sein, aber es dient einem guten Zweck: Ein Kuss unter dem felsigen Torbogen bringt nämlich Glück. Bedeutet Hochzeit und Fruchtbarkeit. Natürlich sind wir durchgefahren.

Ein Muss ist die Bucht der Vignanotica zwischen Mattinata und Vieste. Der Pfad durch den wild wachsenden mediterranen Buschwald ist ungepflastert und unwegsam. Man muss das Auto stehen lassen und zu Fuß gehen. Wegen der schweren Erreichbarkeit und der unbezähmten Natur war die Bucht jahrelang bei Liebhabern der Freikörperkultur besonders beliebt. Heute ist es – zumindest in der Hochsaison – nicht mehr so einsam dort. Kommt man aber im Oktober – an jenen warmen spätsommerlichen Tagen, die im Süden *ottobrate* genannt werden –, hat man den Strand ganz für sich allein. Wen kümmert's dann, wenn man badet, wie einen die *mammà* gemacht hat?

Was könnte schöner sein, als solch einen sonnendurchglühten Tag mit einem Fisch frisch aus dem Meer abzuschließen? Ich empfehle ein Abendessen in einem *Trabucco*. *Trabucchi* sind mit ausladenden Armen versehene Holzdecks, die – vor allem an der Küste des Gargano – auf Stelzen direkt im Wasser stehen; Pfahlbauten wie in der Jungsteinzeit, die früher wie heute für den Fischfang genutzt werden. Zwar ist hier keine Haute Cuisine zu erwarten, aber die frisch gefangenen Fische vom Holzofengrill schmecken ausgezeichnet. Ein Abendessen im Mondlicht, und das Urlaubsglück ist vollkommen. Der kleine Haken: Der Weg dahin ist ziemlich abenteuerlich. Ein schmales Sträßchen führt an schwindelnden Abgründen vorbei, und ist das Auto glücklich geparkt, geht es noch steiler nach unten bis zu einem Holztreppchen, das endlich zum Restaurant führt. Auf den engen Stufen überlegten wir laut, ob wir nur *primo* oder *secondo* nehmen sollten. Nach dem Essen muss man nämlich denselben steilen Weg auch wieder zurücklaufen. Wir entschieden uns für zwei frische Doraden, die unter unseren Augen über einem einfachen Holzfeuer gegrillt wurden. Der Rückweg kam uns schließlich federleicht vor.

Das Städtchen Mattinata ist an sich unscheinbar. Einige weiße Häuser, eine Hauptstraße, *il corso*, ein paar Bars und Geschäfte. *Non offre nulla*, stöhnen oft meine Bekannten, die dort wohnen. Anders als Vieste und Peschici biete Mattinata keinerlei Unterhaltung und Vergnügen. Klar, wenn damit Amüsements wie Discos, Cocktailbars und Souvenirläden gemeint sind, haben sie vollkommen recht. Aber will man das unbedingt? Sergio, ein Freund aus Mattinata, schwärmt von der urigen Uferlandschaft: Hier seien die meist einstöckigen Bauten gut in die Umgebung integriert. Das stimmt. Fährt man mit dem Boot von Mattinata bis zur

Bucht von Pugnochiuso, sieht man fast nur Natur. Bei Vieste dagegen, sagt der Freund, seien übermäßig viele Ferienhäuser errichtet worden. Natürlich ohne Baugenehmigung. Das Thema Bausünde wäre ein trauriges Kapitel für sich. Aber auch Mattinata ist davon nicht gänzlich verschont geblieben. In der schmucken Hotelanlage, in der wir unsere Flitterwochen verbrachten, gab es unweit des Swimmingpools eine Grotte aus griechischer Zeit zu besichtigen. Vor dem Eingang stand eine Tafel mit geschichtlichen Informationen. Später hörten wir von Bekannten, dass vor der Entstehung der modernen Ferienanlage noch mehrere solcher Grotten am Hang versteckt gewesen waren. Sie tauchten allerdings in keinem Bericht der Denkmalbehörde auf. So hätten die Baufirmen die Sache *all'italiana* geregelt: Die Hypogäen – unterirdische Grabbauten – wurden schnell mit Zement und Baumaterial unsichtbar gemacht.

Glücklicherweise handelt es sich in Mattinata bei den Bausünden um vereinzelte Fälle. Hier findet man trotz allem noch versteckte Wanderwege inmitten urwüchsiger Natur, zum Beispiel den zum Wallfahrtsort Monte Sant'Angelo. Ein Schotterpfad führt vom Meer hinauf auf den Berg. Am Anfang des Wegs hat die Gemeinde noch ein Geländer anbringen lassen, aber nach einer Weile deutet nichts mehr auf das Eingreifen von Menschenhand hin. Immer gewaltiger steigt die Bergwand an. Im Zickzack geht man bergan, immer an Pinien und Eichen vorbei. Und in jeder neuen Kurve ist das Panorama noch überwältigender als in der vorigen. Bald hat man das Gefühl mitten in den Himmel zu laufen. Man kann sich die Wallfahrer vorstellen, wie sie im Mittelalter – den mit Pinienzweigen geschmückten Pilgerstab in der Hand – den Monte Sant'Angelo langsam hinaufstiegen, um die Statue des Erzengels Michael in ihrer

Grotte anzubeten. Monte Sant'Angelo ist einer der ältesten Wallfahrtsorte Westeuropas. In der Zeit der Normannen wurde er zur festen Etappe für die Pilger auf dem Weg nach Palästina.

Schafft man es, den Blick von der herrlichen Küstenlandschaft zu lösen und in die andere Richtung zu schauen, ins Landesinnere, sieht man unter sich ein großes, grünes Areal: die *Foresta Umbra*. Wer Heimweh nach dem Schwarzwald hat, ist hier bestens aufgehoben. Durch Italiens größtes zusammenhängendes Waldgebiet ziehen sich herrliche Wanderwege, auf denen sich Fuchs und Hase … Sie wissen schon. Aber Vorsicht: Wenn tatsächlich mal, wie es uns passiert ist, ein Fuchs zum Gutenachtsagen kommt, hat er unter Garantie Tollwut!

Sind Sie dem apulischen Schwarzwald glücklich entronnen, dann eröffnet sich vor Ihnen ein weiterer Superlativ: die größten, schönsten, besten Olivenhaine, und mittendrin das Städtchen Carpino, das den Titel *patria dell'olio d'oliva*, die Hauptstadt des Olivenöls, an sich gerissen hat. Genau genommen beanspruchen mehrere Städte und Gegenden diesen Titel für sich: Ostuni, Cisternino, der Salento und die Basilikata. Allein in Apulien wachsen etwa fünf Millionen Olivenbäume, darunter auch jene knorrige Spezies, die mindestens 800 Jahre alt ist. Also, *ragazzi*, es gibt keinen Grund zu streiten. An sich verdient fast jedes Städtchen im ländlichen Apulien den Titel »Königin des nativen Olivenöls«. Sergio ist Besitzer gleich zweier Olivenplantagen: einer in der Toskana und einer im Gargano. Praktisch hat er das Glück, über zwei Sorten von Olivenöl zu verfügen, die unterschiedlicher nicht sein könnten. Das Toskanische, das in der ganzen Welt als italienisches Produkt par excellence betrachtet wird, schmeckt viel milder als die kräftigen Tropfen aus dem Gargano. *Un abisso*, eine tiefe Kluft, trennt beide Sorten.

Bei Sergio durfte ich etwas ganz Besonderes kosten: *olio affiorato*. Beim Pressen der Oliven entsteht ein leichter Schaum, der liebevoll abgeschöpft und für spezielle, feierliche Anlässe aufbewahrt wird. Falls Ihnen Ihr Wirt davon eine Kostprobe auf Brot anbietet, dann heißt es, dass er Sie vollkommen in sein Herz geschlossen hat. *L'olio affiorato* gibt es nicht im Geschäft zu kaufen. Diese Delikatesse produzieren die Leute ausschließlich für sich und ihre Familie. Also von wegen, Mattinata hätte nichts zu bieten!

Nudi e puri, hüllenlos und rein, oder: Die Kunst der Fischküche

Seit wann ist Apulien so en vogue? Die Region erlebt einen Boom, ist zu einem der beliebtesten Reiseziele avanciert, sowohl für italienische Urlauber als auch für solche aus dem Ausland. Alles nahm seinen Anfang 1999, als der irische Billigfluganbieter Ryan Air eine neue Teilstrecke zwischen London und Bari einführte. Viele Engländer kamen, sahen und waren vom ländlichen Flair und den zauberhaften Ausblicken aufs Meer so angetan, dass sie Jahr für Jahr wiederkamen und Freunde mitbrachten. Einige erwarben verfallene Landhäuser und machten schicke Hotels daraus. Neue, feinere Standards in Sachen Hotelgewerbe hielten Einzug.

In einem alten Gutshof bei Fasano entstand so ein luxuriöses Fünfsternehaus mit mehreren Golfanlagen. Die exklusive Herberge avancierte bald zum Lieblingsort vieler

Stars und der Londoner Schickeria, wurde Schauplatz rauschender Feste. »The Sexiesties Woman Alive« Jessica Biel und der US-Teenagerschwarm Justin Timberlake sagten sich hier 2012 ihr schicksalträchtiges »Ja«. Elton John und Lady Gaga waren da. Seitdem pilgern die Reichen und die Schönen aus aller Herren Länder zum *Borgo Egnazia*: Töchter arabischer Scheichs, russische Oligarchen, die Crème de la Crème der europäischen Industrie und deren Sprösslinge – bis im letzten Sommer ein indischer Stahlbaron unübertreffliche Maßstäbe setzte.

Allein für die Dekoration wurden fünf Kilometer Seide bestellt; Blumen im Wert von einer Dreiviertelmillion gingen über den Ladentisch, man zählte Hunderte Bedienstete, Köche, Tänzer, als Märchenfiguren verkleidete Schauspieler, tätowierte Elefanten sowie 800 Gäste, deren Vermögen zusammengenommen 20 Prozent des indischen Bruttoinlandsprodukts ausmacht. *Eh che fame* … was für ein Bärenhunger! Binnen einer Woche verzehrten sie 10 000 Mahlzeiten! Mit einem Konzert der Popsängerin Shakira endete die fünftägige Hochzeitsfeier im Stil von Tausendundeiner Nacht. Die Kosten: 20 Millionen Euro.

Ganz Apulien stöhnte, beäugte den übertriebenen Kitsch ein wenig missgelaunt – und schaute trotzdem neugierig zu. Hier und da meldete sich Protest, vor allem aus der Politik. Das glamouröse Event wurde gar Anlass für einen außenpolitischen Eklat. Zwei italienische Matrosen saßen wegen einer dubiosen Mordanklage in einem indischen Gefängnis. Rom verlangte ihre sofortige Freilassung – andernfalls werde die millionenschwere indische Tochter woanders heiraten müssen, hieß es. Der Bürgermeister von Fasano, mittlerweile Stammgast bei sämtlichen Hochzeitsbanketten der Promis, wurde unter Druck gesetzt, er solle die Feier verhindern. *Figuriamoci,* von wegen! Niemals hätte er auf den wichtigsten Termin des Sommers verzichtet. Als standhafter Apulier ließ er sich nicht beeindrucken. Und: *Panta rei*, alles geht vorbei, auch die fünf Tage Festivitäten!

Trotz der konstanten Präsenz sehr vermögender Kundschaft bildet man sich hier nichts ein, die Gegend sonnt sich in ihrer scheinbaren Unscheinbarkeit. Nehmen wir zum Beispiel das Restaurant *Alba Chiara*. Auf der Strada Provinciale 90, der Uferpromenade zwischen Fasano und Torre Canne, ist das bombastisch-bunte Werbeschild – das zugegebenermaßen ein wenig abschrecken kann – nicht zu übersehen. Man fährt auf den Parkplatz – und schaut sich verdutzt auf dem Anwesen um. Ein paar Hütten direkt auf dem Kieselstrand, sogar Küche und Toiletten sind in Containern untergebracht. Rot-weiß gestreifte und blaue Sonnenschirme flattern im Wind. Hinter den abgenutzten Plastikstühlen und -tischen rauscht die Brandung. Inzwischen kommt ein Jaguar angefahren. Zwei Geschäftsleute mit Sonnenbrille steigen aus. Tür zu, und schwipp, die Zentralverriegelung schließt, die Tod's knirschen auf dem Kies.

»*Vedi*«, sagt Antonella. »Diese Authentizität ist genau das, was gestresste Manager aus Mailand und London schätzen.«

Ich nicke und betrachte die geparkten BMWs und SUVs. Ist das normal?

»Aber hierher kommen auch Einheimische aus Fasano oder aus Ostuni wie ich«, fährt meine Studienfreundin fort, als hätte sie meine Gedanken erraten. Von Antonella werde ich noch in einem der nächsten Kapitel erzählen. An dieser Stelle nur so viel: Antonella liebt schlichte Gerichte aus erstklassigen Zutaten. Darum sind wir hier.

Das *Alba Chiara* entstand Ende der Neunzigerjahre als bescheidener Kiosk. Nicht anders als ein Trabucco. Hier bekam und bekommt man absolut frischen rohen Fisch. Mittlerweile verfügt das Restaurant über einen höchst modernen Schockfroster, also kann das Fischcarpaccio auch empfindlichen Mägen bedenkenlos zugemutet werden. In einer der Buden kann man sich das Angebot des Tages mit eigenen Augen anschauen.

In Styroporkisten liegen rosafarbene Garnelen, fipsige Krebse und hellgraue Calamari. Und: nach Salz und Algen duftende Schwertfischsteaks, Doraden, Brassen und Wolfsbarsche. Ein junger Mann ist gerade dabei, einen *sarago* zu filetieren. Die Zweibrasse ist eine Spezialität der Adria. Man erkennt sie an der erschrockenen, beinahe angewiderten, hässlichen Miene und an einem dunklen Fleck am Fischschwanz. Egal, ob roh oder gebraten, das muss probiert werden.

»*Antonè, tutt à pposst*?« Der Küchenchef Gianni eilt aus der Küche herbei und erkundigt sich, ob alles in Ordnung sei. Ich bin von der maritimen Umgebung dermaßen angetan – der schöne Klang der Wellen, die pulverisierten Tropfen in der Salzluft und die pastellfarbene See haben eine geradezu hypnotisierende Wirkung auf mich –, dass ich kaum mitbekomme, wie Antonella mit ihm flüstert und blitzschnell eine Bestellung aufgibt.

Um die Wartezeit zu vertreiben, will mir Gianni die Spezialität seines Restaurants zeigen: Seeigel. Das sagt er ganz nonchalant, er wähnt sich unter Insidern, als er zwei große Servierteller aus dem Kühlschank holen lässt. Doch als er meine unsichere Miene sieht, stutzt er. »Entschuldige, du bist doch Neapolitanerin, oder nicht?«

»Ja, schon …«, versuche ich mich zu entschuldigen. »Ähm …, ich habe *ricci* nie gegessen … ähm … man verträgt sie doch nicht so gut, oder?«

Und jetzt zeigt sich die professionelle Haltung des geborenen Verkäufers. Gianni bleibt ruhig, als ob ich nichts gesagt hätte. »Weißt du, wie man gute *ricci di mare* erkennt?«, fragt er und zeigt auf die Teller mit den aufgeschlagenen stacheligen Kugeln. Das Innere hat bei manchen einen orangefarbenen Glanz, bei anderen leuchtet es blutrot. »*Le femmine*, die Weibchen, sind gut an ihrem bluterfüllten Rogen zu erkennen. Man isst nur *le femmine.*«

Hier stockt seine Stimme einen Moment. Soll er es mir sagen oder lieber nicht? Ich habe verstanden. Zunächst schüttele ich den Kopf. Nein, er braucht es nicht zu sagen. Dann nicke ich. Will heißen: Ja, ich bin im Bilde. Man betrachtet die Stachelhäuter als Abbilder weiblicher Organe, aber keiner wagt es direkt zu sagen. Ähnlich wie Austern sollen sie als Aphrodisiakum wirken, weswegen sie in Apulien bei keinem romantischen Rendezvous fehlen. Mir kommt eine Szene in den Sinn, die ich in einem edlen Restaurant in Trani erlebt habe. Am Nachbartisch saß ein Pärchen. Man musste blind sein, um nicht zu sehen, wie verknallt die beiden waren. Die ganze Zeit flüsterten und lachten sie leise. Mitten auf dem Tisch thronte eine runde Silberschale voll aufgeschlagener Seeigel. Die junge Frau, die ein atemberaubendes schulterfreies schwarzes Kleid (Information für den geneigten Leser: ohne BH …) trug, vertilgte gierig einen Seeigel nach dem anderen. Sie nahm eine Hälfte vom Teller, spritzte ein paar Tropfen Zitrone darauf und schob sie sich mit einem Lächeln in den Mund. Dann strich sie mit der einen Hand ihr seidiges, schwarzes Haar zurück und griff mit der anderen nach einer weiteren Hälfte. Ihr Partner beobachtete sie entzückt, während er selbst das zarte, fast noch zuckende Fleisch seines *riccio* löffelte.

Der Liebesakt der Seeigel ist übrigens kaum weniger sinnlich. Das Weibchen spritzt seine Eizellen in großer Menge ins Meer; das Männchen, das sich normalerweise in unmittelbarer Nähe befindet, tut das Gleiche mit seinem Samen. Und die Wellen vollbringen das Wunder: Leben entsteht. Wie die Venus aus dem Meer. Die Süditaliener essen diese Spezialität in den Monaten mit »r«: Denn zwischen Januar und April sowie September und Dezember ist Fortpflanzungszeit. Dann erreicht die Pracht der Seeigel ihren Höhepunkt: Sie sind prall gefüllt mit korallenrotem Rogen und schmecken am besten. Deswegen ist das scheinbar provisorische Restaurant *Alba Chiara* schon ab Ende Januar geöffnet. In den Sommermonaten darf man zwar noch auf die *ricci* zurückgreifen, aber dann haben sie ihre wunderbare feuchte Konsistenz und den intensiven Salzwassergeschmack verloren.

Meeresfrüchte und roher Fisch nehmen in der apulischen Küche eine zentrale Rolle ein. Einige Chefköche haben daraus mittlerweile eine wahre Kunst gemacht. »*Nudi e puri,* hüllenlos und rein« heißt ein ausschließlich dem ungewürzten, frisch gefangenen Fisch gewidmetes Menü. Angeboten wird es zum Beispiel im Restaurant *Le Lampare al Fortino* in Trani – wo wir eben schon das Liebespaar beobachtet haben. Neben der Wein- und Speisekarte wird einem meist *La carta dei crudi*, die Karte der rohen Speisen, vorgelegt. Die Namen der Gerichte sollen gleich mehrere Sinne kitzeln. *Nudo di gambero rosso su panzanella dell'orto* – Akt mit auf Gartentomate liegender Krabbe. Das Wort *nudo* beflügelt die Phantasie. Und die überaus ästhetische Zubereitung tut das Ihrige dazu. Fast hat man den Eindruck, weiche, aus Meerwasser und Milch bestehende Frauenbeine auszulöffeln … Kulinarische Aktkunst. Sie bedeutet Hingabe, Respekt für das Meer und seine Bewohner, Bewusstsein für reine und ausgezeichnete Zutaten. Und zugleich mutet diese Form des Genießens an wie ein archaischer Brauch. Die katholische Religion ist voll davon: Das, was man am meisten liebt, wird auch verzehrt. Übrigens wird die Weinkarte in diesen Restaurants der oberen Preiskategorie nicht mehr auf Papier gedruckt. Vielmehr kann der Gast sich auf dem iPad Fotos der einzelnen Reben anschauen, aus denen die goldenen Tropfen eines Fiano Salento oder eines Locorotondo gekeltert wurden.

In Süditalien schwören alle auf Apuliens Meeresfrüchte. Sogar in meiner Heimat auf der tyrrhenischen Seite, wo man ziemlich stolz ist auf die lokale Fischküche und nicht gern zugibt, dass es woanders besser schmecken könnte. Als ich an diesem Buch schrieb, wurde ich immer wieder von Foto- und Videobotschaften abgelenkt, die Freunde mir aus ihrem Apulien-Urlaub aufs Handy schickten. Die Kommentare lauteten in etwa: »*Solo qui così deliziosi*, nur hier so köstlich: *frutti di mare da Savelletri.*«

Aber jetzt muss ich etwas beichten: Manchmal hat es mich große Überwindung gekostet, nach ungekochten Muscheln oder Fischfilet zu greifen. Mir half eine alte Familiengeschichte, die mein Großvater immer wieder erzählte. Mehrmals habe ich dramatische Diskussionen zwischen Großvater und Großmutter mitbekommen, in denen es um Venusmuscheln und rohe Krabben ging. Sie behauptete, er werde sich damit eine Krankheit holen. Er antwortete stets süffisant, nur derjenige, der die Meeresfrüchte ängstlich esse, fange sich etwas ein; wer sie hingegen leidenschaftlich verschlinge, bleibe unversehrt. Ob mit oder ohne Zitronensaft, sei eigentlich zweitrangig. »Also ist es im Grunde eine Glaubenssache«, schloss Antonio Morese, der in der Tat kein einziges Mal wegen seiner Passion für ungekochte Meeresfrüchte krank wurde. Diejenigen unter den Lesern, die sich an »reine und hüllenlose« Seeigel oder rohes Fischfilet nicht herantrauen, können sich mit *spaghetti al riccio di mare* »trösten«. Beim ersten Gericht werden die langen Nudeln mit Olivenöl und Knoblauch, dem zarten Seeigelrogen und seinem Saft bei hoher Flamme vermengt.

Eines meiner Lieblingsgerichte heißt *polpettine di neonati*. Die Fischbuletten bestehen aus – erschrecken Sie nicht! – »Neugeborenen«, das heißt dem Nachwuchs von Anchovis, die auch *bianchetti* genannt werden. Die Winzlinge mit den schwarzen Knopfaugen werden auch gekocht als Vorspeise mit einer Zitronen-Olivenöl-Marinade serviert: *schiuma di mare* – oder im Dialekt: *scumma d'o mare* –, Meeresschaum. Bei ihrem Genuss denkt man unweigerlich an Botticellis Venus, die aus dem Schaum der Wellen ersteht. So schmecken sie auch: nach Meerwasser. Nur haben sie als Boulette noch eine nussige Note und eine köstlich knusprige Kruste.

Was sagt der Knigge noch zum Stichwort »Antipastiteller für zwei«? Beim Mittagessen im *Alba Chiara* musste ich beschämt feststellen, dass ich sämtliche Fischbuletten allein vertilgt hatte. Antonella nahm es locker. Schließlich könne sie davon essen, sooft sie wolle, meinte sie. *Beata lei*, die Glückliche!

Focaccia und Orecchiette. Die Altstadt von Bari

Bari. Dieser Name klingt im Dialekt ungefähr so: Baar. Und die Einwohner heißen Baaräs. Im baresischen Dialekt wird das »A« meist zu »Ä«, in diesem Fall aber nicht. Keine Ahnung, warum. Ich habe es einmal gewusst. In den Neunzigerjahren arbeitete ich in Deutschland für einen Sprachwissenschaftler. Meine Aufgabe bestand darin, Sprachaufnahmen aus Nordapulien anzuhören, den Inhalt der Gespräche zu transkribieren und das Ganze auszuwerten. Möglicherweise würde Professor Stehl erblassen, wenn er diese Zeilen lesen würde. Frau Morese, würde er seufzen, das können Sie mir nicht antun! Das Baresische mit dem Dialekt aus Foggia, Canosa und Minervino zu verwechseln. Und dann würde er mir jeweils im baresischen, foggianischen und auch noch im salentinischen Dialekt erklären, wo die Unterschiede liegen. *Mamma mia*, nicht jeder ist so ein Sprachgenie wie Herr Stehl! Wie es *le Puglie* gibt, gibt es auch *i dialetti pugliesi*. Die Mundart aus dem Gebiet von Foggia und dem Gargano ähnelt eher dem Neapolitanischen. Das Salentinische erinnert an das Sizilianische, auch wenn es, historisch gesehen, mit Sizilien nichts zu tun hat. Und das Baresische, nun ja, es ist halt das Baaaräsische!

Um eine Ahnung davon zu bekommen, kann man sich im Internet Ausschnitte aus den Filmen des Komikers Lino Banfi anschauen. In einer Szene begegnet der Protagonist Banfi zufällig in Rom einem alten Schulfreund, der Priester geworden ist und auf einem Ausflug mit der dörflichen Kirchengemeinde in der Ewigen Stadt weilt. Die beiden sprechen einen so extremen Dialekt, dass man automatisch denkt, es sei eine Fremdsprache. Aber welche? Um noch eins draufzusetzen, ist der Regisseur auf die Idee kommen, arabische Untertitel einzublenden. Banfi ist ein leuchtender Stern unter den italienischen Komikern. Geboren 1936 in Andria, brachte er es nach Anfängen beim Theater in der Rolle des tollpatschigen, aber sympathischen Provinzlers in den sogenannten Sexy-Komödien zu großem Ruhm. Diese Streifen erzählen im Grunde genommen immer die gleiche Geschichte: Der kleine Italiener aus dem Süden brennt vor Verlangen nach einer jungen, schönen, natürlich nackten Frau, die er selbstverständlich nie bekommen wird. Stattdessen stellt er allen möglichen Unfug an und muss eine Menge Prügel einstecken, aber am Ende geht alles gut.

Während *gli italiani* (Männer) diese Komödien liebten, waren *le italiane* (Frauen) davon ziemlich angeödet. Es waren die Achtzigerjahre. Italien wollte das Image des bäuerlichen und provinziellen Landes um jeden Preis abschütteln. Und Lino Banfis Verkörperung des süditalienischen Mannes bediente das abgedroschenste Klischee. Seine Filme wurden wegen der derben Sprache und des flachen Inhalts kritisiert, doch mittlerweile genießen einige dieser Komödien Kultstatus. Für mich als Autorin und *donna* sind sie sozusagen aus anthropologischer Sicht interessant, weil man in ihnen noch rosige und weiche Frauenhaut sehen kann – aus der Zeit, bevor die ästhetische Chirurgie auch in Italien Einzug hielt. Und wegen der urkomischen Dialoge. Nach 20 Jahren Fernsehen à la Berlusconi sehnt man sich heute nach intelligenten Drehbuchautoren, die in der Lage wären, solch lustige Szenen zu schreiben, quasi aus dem Geist eines Italiens der Regionen heraus. Inzwischen ist Lino Banfi auch in Deutschland wohl bekannt. Seinen letzten Auftritt hatte er in der Komödie »Maria, ihm schmeckt's nicht!« (2009) nach dem Bestseller von Jan Weiler. Übrigens, raten Sie mal, wo der Film gedreht wurde! Nicht im Molise, wo die Geschichte eigentlich spielt. Ich helfe Ihnen ein wenig: Der Name der Region beginnt mit A …

Kommt man mit dem Auto oder dem Bus in Bari an, ist man zunächst vielleicht irritiert. Wie leider in vielen süditalienischen Städten ist auch hier die Peripherie mit ihren anonymen grauen Mietskasernen nicht besonders schön. Und trotzdem gewinnt man schnell den Eindruck, dass es sich hier gut leben lässt. Die Bahnlinie teilt die Stadt in zwei große Areale. Auf der Rückseite des Bahnhofs befindet sich das neue, weniger charakteristische Stadtviertel mit Wohnhäusern und Büros. In einem dieser phantasielosen Gebäude sind einige Dezernate der Landesregierung untergebracht, was besagen soll: Hier wird gearbeitet, und die Büros müssen nicht unbedingt schick sein. So kommt es mir jedenfalls vor, wenn ich zum Beispiel die Kulturdezernentin zu einem Arbeitsgespräch treffe. Ein unscheinbares Treppenhaus, labyrinthische Flure voller Metallschränke, milchiges Neonlicht – aber an den Wänden hängen großformatige Hochglanzfotos von den herrlichsten Ausblicken, die *le*

Puglie zu bieten haben. Und man begegnet in den Fluren überaus freundlichen Menschen. Dieser Eindruck von Herzenswärme bestätigt sich, wenn man vom Bahnhofsvorplatz in Richtung Stadtzentrum geht – in den anderen Teil, das echte Bari, wie manche hier meinen.

Eine lockere Stimmung. Den Menschen scheint es gut zu gehen. Hinter der Piazza Aldo Moro hocken Jugendliche vor einem McDonald's. Hübsche Mädchen, ganz in ihr Gespräch vertieft. Ihr sehr helles, sehr blondes Haar und die hohen Wangenknocken lassen eine osteuropäische Herkunft vermuten. Im Vorbeigehen erhascht man Fetzen irgendeiner slawischen Sprache. Hier beginnt die Via Sparano, die edelste unter den edlen Einkaufsstraßen der Stadt. Wir befinden uns am Anfang des *quartiere murattiano*, das 1813 auf Anregung von Joachim Murat gegründet wurde. Damals hausten im mittelalterlichen Stadtkern direkt am Meer ca. 20 000 Menschen. Zu viele, als dass sie gesund hätten leben können. Also wurde der *borgo nuovo* errichtet, der neue Stadtteil mit seinen schachbrettartig angelegten Straßen. Im 19. Jahrhundert entstanden prächtige Jugendstilbauten. Für manchen Einwohner ist das das einzig wahre und unverwechselbare Bari. Manch einer, der nicht direkt im Zentrum wohnt, aber immer noch in einem nahen Viertel, zum Beispiel im neuen, bürgerlichen Poggiofranco, musste sich schon die seltsame Frage anhören: »Na, kommst du also mal wieder nach Bari?«

Ist man das erste Mal hier, hat man zwei, na ja, sagen wir drei unterschiedliche Möglichkeiten, die Stadt kennenzulernen. Die erste: ganz klassisch zu Fuß. Oje, kann ich da nur sagen. Nicht, weil Bari nicht schön wäre, ganz im Gegenteil, es hat eine herrliche Uferpromenade, eine schmucke, sanierte Altstadt und im Zentrum prächtige

Palazzi. Aber *madonna mia* oder – da wir in Bari sind – *Sanda Nécole!* (Heiliger Nikolaus, entgeisterter Ausruf auf Baresisch), wir sind am Adriatischen Meer! Eine Stadt wie diese, die jahrhundertelang Handelszentrum war, Dreh- und Angelpunkt des wirtschaftlichen und kulturellen Austausches mit dem Orient, so eine Stadt muss man – Option Nummer zwei – vom Meer aus sehen! Die dritte Option aber ist eine Stadterkundung mit dem Fahrrad.

Am Anfang der Altstadt, hinter der Piazza del Ferrarese, befindet sich in der Via Vallisa Nr. 81 der *Veloservice*. Die Tür steht immer offen, auch bei Wind und Wetter. (Nebenbei: In Bari ist das Wetter selten schlecht. Wenn überhaupt, dann nur an echt winterlichen Wintertagen. Dafür ist es stets windig, weshalb man hier kaum Restaurantterrassen mit Meerblick findet wie in anderen Städten Apuliens.) Alles in allem macht der Veloservice auf Anhieb einen ausgezeichneten Eindruck. An der rückwärtigen Wand sind zahlreiche Fahrräder aufgestellt, Moutainbikes ebenso wie dünne, superprofessionelle Rennräder. Oje, denke ich, bin ich als notorische Schreibtischtäterin hier richtig? Muss man dafür nicht echt trainiert sein? Ein Mann mit kurzem Haar hockt vor einem Rad und ist ganz in die Reparatur vertieft. Eine burschikose junge Frau an einem der Schreibtische scheint nicht nur die Organisation im Griff zu haben, sondern auch Gedanken lesen zu können: »Wir bieten auch Rikschatouren an.«

Kurz darauf sitze ich in einem solchen Gefährt unter einem rotem Dach und frage mich, ob das alles richtig war. Hätte ich nicht doch lieber eine Tour auf dem Rad wählen sollen? Beim Veloservice kann man nicht nur Fahrräder leihen, sondern auch Touren mit einem ausgebildeten Fremdenführer buchen, eine kürzere Rundfahrt durch die

Altstadt und eine längere, die auch das moderne Zentrum, das Murat-Viertel mit seinen Straßen im Schachbrettmuster, umfasst.

Antonio, ein dunkelblonder Lockenkopf mit einnehmendem Lächeln, schwingt sich auf den Sattel und fragt: »Haben Sie …« Dann überlegt er kurz. »*Ci diamo del tu,* hast du Hunger?« Und erklärt, ohne meine Antwort abzuwarten: »Unsere Tour beginnt beim Bäcker um die Ecke, *nel centro storico,* im alten Stadtkern.«

Auf dem Plan wirkt dieser wie ein langer Kopf mit einer Stupsnase, deren Spitze nach Osten zeigt. Entstanden bereits im 3. Jahrhundert v. Chr., ragt er auf einer Landzunge ins Meer hinaus. Zwischen der Uferpromenade, dem Lungomare Imperatore Augusto, und dem Corso Antonio de Tullio liegen die labyrinthischen Sträßchen und Gässchen mit ihren antiken Häusern aus hellem Kalkstein. Geschützt durch die lang gezogene, geschwungene Wallanlage wie in einer festen, sicheren Umarmung.

Nach ein paarmal Abbiegen nach links und nach rechts hält Antonio vor der *Panetteria Fiore*. Schon von Weitem duftet es appetitanregend nach Brot. Vor der Bäckerei bekomme ich die erste Gebrauchsanweisung für Bari, Antonio besteht darauf. Als Erstes sei es wichtig, die *ottica italiana* einzunehmen, den hiesigen Blickwinkel. *Fare all'italiana* bedeutet für Antonio zum Beispiel, dass man nicht um die Mittagszeit in die Stadt geht, um zu shoppen, denn hier sind zwischen 13 und 16:30 Uhr nahezu alle Geschäfte geschlossen. In einer Bäckerei in Nordeuropa, erklärt er mir weiter, stelle man sich brav an und warte, bis man an der Reihe sei. »*Qui è un po' diverso*, hier ist es ein wenig anders«, sagt er und zeigt auf die Meute, die sich vor dem Tresen drängt. Man brauche aber keine Sorge zu haben, der Bäcker behalte die Sache stets im Blick: »*Buongiorno,* Cecilia«, sagt er zu einer Kundin, »was darf es denn heute sein? Ein Kilo Brot und ein Pfund Focaccia. Hast du Gäste?«

Antonio wirft mir einen Blick zu, der wohl sagen soll: »Siehst du, hier kennt jeder jeden!«

Die Altstadt ist wie ein Dorf mitten in der Großstadt. Ich nicke, während ich etwas kosten darf: die *focaccia barese*. Das Fladenbrot aus Bari ist nicht mit Rosmarin belegt wie das toskanische. Es ist locker, weich und drei Finger dick. Hefeteig voller Luftblasen, in die das native Olivenöl eingesickert ist. Es gibt aber auch Bäcker (*Panificio Arciuli, El Focacciaro*), die eine dünnere Focaccia backen. Hier scheiden sich die Geister: Einige Bareser bevorzugen die dünnere Variante, andere die dickere.

Egal, ob *alta* oder *bassa,* wichtig ist, dass der Teig nicht klebrig ist. Am besten lässt man ihn so lange gehen, bis sich nichts mehr tut. Auch werden gekochte Kartoffeln hinzugefügt. In die Oberfläche hat der Bäckermeister Vertiefungen gedrückt, in die zierliche Tomatenscheiben gelegt wurden. In der Hitze des Steinofens verlieren sie Wasser und jede Säure. Wenn man die Augen zumacht, spürt man die vielen langen Sommerstunden der apulischen *Campagna*, die jetzt den Magen streicheln.

Die Focaccia ist der ideale Imbiss für zwischendurch. Anders als Pizza und *sgagliozze*, die für Bari typischen frittierten Polentastückchen, die es vorwiegend am Abend gibt, bekommt man sie bereits am frühen Morgen. Mancher belegt sie auch mit apulischen Oliven und Kräutern. Mit roten oder gelben Zwiebeln ist auch eine köstliche Variante. Der *barese D. O. C.*, der Original-Barese, nimmt, bevor er die Focaccia im Stehen im oder vor dem Laden isst, die Tomaten herunter. Von denen ist sowieso nur noch wenig zu sehen. Das Fruchtfleisch hat sich in der Ofenhitze verflüssigt und ist mit Teig und Olivenöl verschmolzen. Aber der Bareser wirft die Häute weg. Warum? Kein Mensch kann mir das erklären.

Wenn man keine Tomaten mag, könnte man ja auf das Fladenbrot ohne zurückgreifen. *No, non è lo stesso*. Das sei nicht das Gleiche. So liegen vor den Bäckereien neben den Zigarettenkippen die dünnen und fast durchsichtigen Schalen auf dem Boden wie Fetzen roten Seidenpapiers. In einigen größeren Bäckereien steht sogar eine Schüssel für Tomatenhäute bereit.

Wir fahren an der Basilika des heiligen Nikolaus vorbei. Geweiht zur Zeit der Normannen im Jahr 1197, ist sie der Ort, an dem die Gebeine des Heiligen aller Bareser und aller Russen aufbewahrt werden. Nicht zufällig sind die Hinweisschilder hier dreisprachig: italienisch, russisch und englisch. (Die Gebeine sind von baresischen Matrosen aus Myra, dem heutigen Demre in der Türkei, na ja, sagen wir: *mitgenommen* worden; mehr Details dazu im nächsten Kapitel.) Dann geht es durch die Via San Luca, links in die Via San Pietro l'Eremita, und wir kommen zum Castello Normanno Svevo, der enormen Festung, die der Stauferkaiser Friedrich II. errichten ließ. Heute residiert hier das Stadtmuseum.

Während die Rikscha durch die winkligen Gassen klappert, fällt mir an einer makellos weißen Hauswand ein kleines Schild mit der EU-Flagge auf. Das Gebäude ist mithilfe europäischer Mittel kernsaniert worden. Im *borgo antico* stößt man vielerorts auf solche Täfelchen, nicht nur an der Frontseite von historischen Gebäuden im Privatbesitz, auch an Hotels und öffentlichen Einrichtungen wie der Biblioteca Santa Teresa dei Maschi sind sie zu finden. Auf den Besucher macht die Hafenstadt einen erstklassigen Eindruck. Einige Einheimische sind anderer Meinung. Ja, sagen sie, viel Geld sei geflossen, von sechs bis sieben Milliarden Euro ist die Rede, aber im Endeffekt: *Non è una bella cosa*, das lässt die Region nicht gut aussehen. Die EU-Mittel seien bewilligt worden, weil der Entwicklungsstand Unteritaliens aus Brüsseler Sicht katastrophal war. Apulien fiel in die Kategorie »Ziel 1«, das heißt, es wurde als »am stärksten benachteiligtes« Gebiet eingestuft, eine Gegend mit »Entwicklungsrückstand«. Auch – so klagen andere – sei ziemlich undurchsichtig gewesen, wie die Mittel verteilt wurden. Man könne den Eindruck gewinnen, dass vor allem Hotels und B&Bs finanziert worden seien. Wie dem auch sei, *Le Puglie* haben spürbar positive Veränderungen erlebt. Auch meine Heimatregion Kampanien wurde als *obbiettivo uno,* Ziel 1, eingestuft , aber am Fuße des Vesuvs kann man nicht mit so erfreulichen Nachrichten aufwarten wie in Bari oder Lecce.

Neben den Schildchen mit der blauen Flagge Europas hängt hier und da auch eine Hinweistafel, die unaufmerksamen Herrchen mit saftigen Strafen droht, wenn sie das streng riechende Werk ihres »Fiffi« nicht wegmachen. Im Lauf der vergangenen 20 Jahre hat Baris *borgo vecchio* ein vollkommen neues Gesicht erhalten. Noch in den Achtzigerjahren schien es diesen Stadtteil für manchen Einwohner gar nicht zu geben. Man kannte nur den Namen, »Bari Vecchia«, und das war's. Man ging dort nicht hin, man schämte sich ein bisschen für die ärmlichen Lebensbedingungen der Einwohner, und man fürchtete die Kleinkriminalität. Heute ist die Altstadt ein *gioiellino*, ein Kleinod, sagen die Bareser stolz.

Eine Nebenwirkung der Renaissance der Altstadt ist allerdings die *movida*, das Saturday Night Fever, das hier an den Wochenenden ansteigt. Die Stadtpolizisten, wenn es sie gibt, haben alle Mühe, den Verkehr zu dirigieren. Aus in doppelter Reihe geparkten Autos dröhnt ohrenbetäubende Musik. Horden von Pubertierenden und Jugendlichen laufen am Corso Vittorio Emanuele entlang; die breiten Bürgersteige sind zu klein, um das Geschiebe und Gedränge aufzufangen. Viele der Partygänger laufen einfach zwischen den fahrenden und parkenden Autos hindurch auf der Straße.

Gegenüber dem Normannischen Schloss, das nach dem Castel del Monte in Trani die wichtigste Festung Apuliens ist, befindet sich die *Antica Gelateria Gentile*. Meine sämtlichen Bareser Freunde sind der Meinung, dies sei die beste Eisdiele der Stadt. Dort bei einem Eis zu sitzen und die Passanten zu beobachten sei eine gute Methode, um Bari zu verstehen, behauptet mein Cicerone Antonio. Ich würde ja gern ein Eis essen, aber nach dem Besuch des Castello ist schon Mittagszeit. Mein Magen knurrt.

Antonio will mir einen wichtigen, sozusagen kulinarischen Teil des historischen Stadtkerns zeigen. *La strada delle orecchiette*, eine Gasse unweit des Castello Svevo, in der die typisch apulische Nudelsorte verkauft wird: die frischen Öhrchen aus Hartweizengrieß mit der runzeligen Oberfläche, die so wunderbar die Soße aufnehmen kann. Vor den Türen der Erdgeschosswohnungen sitzen Frauen unterschiedlichen Alters. Man kann zuschauen, wie sie die Nudeln herstellen, blitzschnell geht das; mit einem dünnen Holzstab oder einem Messer. Vor einer Tür bleibe ich stehen. Und schon eilt die fast schon greise Urheberin dieser Orecchiette-Pracht nach draußen. Sie trägt einen rosarot geblümten, ärmellosen Kittel, unter dem eine ebenfalls geblümte Bluse hervorlugt.

»*Volete le orecchiette*? Möchten Sie?«, fragt sie mit einem Lächeln. »*Guardate*, schauen Sie her!« Sie zeigt auf die hellen Nüdelchen, die zum Trocken auf einem breiten Tablett liegen, abgedeckt mit einem dünnen Netz. Das Ganze, das wie eine riesige Holzschublade aussieht, steht auf einem dürftig zusammengeschusterten Campingtisch.

»Ich komme gleich wieder«, antworte ich, denn ich möchte erst eine Runde drehen.

»Ja«, sagt sie und nickt. »Ich warte auf Sie, *sì*?«

Es ist Mittagszeit, die Kinder kommen aus der Schule oder der Mann von der Arbeit. Die Wohnungstüren stehen offen, es riecht nach gegrilltem Fleisch und Tomatensugo. Einige Frauen widmen sich der Vorbereitung des Mittagessens. Mit einem Auge. Mit dem anderen behalten sie die Straße im Blick, damit ihnen kein potenzieller Kunde entgeht.

Eine Frau etwa in meinem Alter trägt auch eine weiße Küchenschürze, aber sie scheint gerade frisch vom Friseur gekommen zu sein. Während sie Salatblätter zerkleinert, wirft sie mit dem Handrücken eine Strähne ihrer kupferroten Mähne zurück. Und dann lässt sie alles liegen und kommt nach draußen, um mir die Orecchiette zu zeigen. Tatsächlich sehen sie aus wie Köpfe von zierlichen Püppchen. Blätter von ein und derselben Blüte: alle gleich und doch alle so verschieden. Eine *signora* macht sie mit zwei, maximal drei Zentimeter Durchmesser, eine andere führt sie in einer etwas größeren Variante aus. Manche sehen aus wie ein echtes Ohr. Es gibt sogar – ist eine politisch unkorrekte Bezeichnung gestattet? – Mohrenöhrchen. Orecchiette aus Vollkornmehl oder Buchweizen.

Eine besondere Variante der Nüdelchen ist derzeit sehr en vogue: die aus *grano arso*. Wörtlich heißt das »verbranntes Getreide« und stammt aus Daunien, dem nördlichen Apulien, aus der Zeit der großen Latifundien. Nach der Ernte wurden die Stoppelfelder abgebrannt, und die armen Tagelöhner, die *braccianti*, die nichts anderes hatten als die Kraft ihrer Arme, sammelten die Überreste der verbrannten Ähren auf. Die mahlten sie, und erst zum Schluss fügten sie einen winzigen Teil weißen, für sie eigentlich unerschwinglichen Mehls hinzu. Eine Geschichte, die geradezu biblisch anmutet: Ruth, die Ährenleserin. Heute, da die arme Bauernküche in Sternerestaurants in veredelter Form weiterlebt, ist die Herstellungsmethode eine ganz andere. Das Getreide wird sozusagen getoastet. Das verleiht den Nudeln einen intensiven Geschmack und eine Farbe wie helle Schokolade.

Ich muss schmunzeln, als Antonio mir erzählt, dass einige Besucherinnen angesichts der Orecchiette-Pracht in Tränen ausgebrochen sind. Tatsächlich? In einem Reiseführer habe ich gelesen, man könne in der kleinen Gasse auf den Gedanken kommen, dass es sich bei der Nudelherstellung dort um eine hübsch aufbereitete Touristenattraktion handelt.

No, no, no: Antonio schüttelt den Zeigefinger in der Luft. Für ihn und seine Kollegen sei es eine Sache der Ehre, ihren Kunden zu zeigen, wie die Bareser in der Altstadt leben. So leben sie halt! Draußen vor der Tür und verkaufen ihre Nüdelchen. *Tutto originale*: Wenn die Frauen sich gerade einen Kaffee gekocht haben, bieten sie den vorbeigehenden Kunden auch einen an. Im Grunde genommen – so Antonio – langweilen sie sich den ganzen Tag. Der Besucherstrom ist ihnen eine willkommene Ablenkung.

Ich werfe einen Blick in eine der Behausungen, die mir vertraut vorkommen, weil sie mich an das Spanische Viertel in Neapel erinnern. Die Wohnungen sind winzig. Im Erdgeschoss befindet sich die Küche, und gleich hinterm Herd steht das Sofa. Ein Fernseher läuft. Ein spindeldünnes Mädchen schneidet eine Melone in Scheiben. Da sie weder Balkon noch Terrasse hätten, erzählt Antonio weiter, würden die Leute die Straße nutzen, nicht nur um Nudeln zu verkaufen. Am Sonntag stehen die Tische für das Mittagessen draußen, zur Feier des Tages. Nach dem reichlichen Mahl wird die Straße blank geputzt. Deswegen riecht es hier manchmal nach Putzmitteln. Oder kommt der frische Duft von der bunten Wäsche, die an der Leine im Wind flattert? Das gesamte soziale Leben spielt sich also auf der Straße ab.

»Sie empfangen die Touristen mit offenen Armen«, bekräftigt Antonio. »Sie wissen ja, dass der Fremdenverkehr Geld bringt.«

Die Bareser gelten als freundlich und charmant. Wenn es aber um Geld geht, pflegt man hier in Apulien folgende Floskel zum Besten zu geben: *Pochi, sporchi e subito,* egal, ob wenig oder schmutzig – Hauptsache, Geld, und zwar sofort.

Apropos Geld. In vielen Reiseführern steht, Baris Altstadt sei gefährlich. Manche Besucher, klagt Antonio, würden die Altstadt deswegen meiden. Ausländische Touristen, die mit dem Kreuzfahrtschiff kommen, setzen vor lauter Angst keinen Fuß auf den baresischen Boden. Dabei ist die Zahl der Überfälle seit den Achtzigerjahren rapide gesunken.

Heute ist es hier nicht gefährlicher als in jeder anderen Touristenstadt. Trotzdem würde ich keinen Goldschmuck wie die Statue der heiligen Madonna am Ferragosto tragen.

Das lädt förmlich ein: »Bitte beklaue mich. Ich fühle mich sonst gar nicht wie in Süditalien.«

13:30 Uhr, es ist vollbracht: Ein halbes Kilo kleine blonde sowie ein halbes Kilo große braune Orecchiette sind gekauft. Die Damen geben mir noch einen wichtigen Tipp mit auf den Weg: Sobald ich zu Hause bin, muss ich die Öhrchennudeln aus dem Plastikbeutel nehmen und an die Luft legen. Ich verspreche, mich danach zu richten.

Cicorielle im Murat-Viertel

Zum Mittagessen stehen in Bari sehr viele Restaurants zur Wahl. Ich gehe gern zu *Giampà* hinter dem Corso Cavour. (Übrigens sprechen die Bareser wie auch viele andere Süditaliener den Namen des piemontesischen Staatsmannes falsch aus: mit der Betonung auf der ersten Silbe. Vielleicht weil niemand hier ihn mochte.)

In Bari gibt es viele charakteristische Restaurants, in denen man den Geist Apuliens atmet. Oder atmen soll. Nicht den authentischen, aber den authentisch gemachten, so, wie die Region sich im dritten Jahrtausend zeigen will. Einerseits archaisch und traditionsbewusst, andererseits auf den Geschmack des modernen Stadtmenschen zugeschnitten: hübsch aufbereitet à la Jamie Oliver. So, wie alle Welt sich Süditalien vorstellt. Sehr beliebt ist zum Beispiel das *Terranima*. Schon beim Eintreten hat man das Gefühl, in einen *agriturismo* zu kommen. Auf dem Tresen am Eingang Basilikum-, Pfefferminz- und Rosmarintöpfe. Als Übertopf ein zierlich geflochtener Strohkorb. Rot karierte Tischdecken. Korbstühle. Von der Decke und an den Wänden hängen alte Emailletöpfe und halb verrostete landwirtschaftliche Geräte. Sicher, die Speisen sind gut und sorgfältig zubereitet, aber letztlich kommt mir das Ganze ein bisschen zu gewollt vor. Lieber gehe ich in Restaurants, in denen auch die Bareser selbst ihre Mittagspause verbringen. Wenn ich wenig Zeit habe, entscheide ich mich für ein Biocafé in der Via Beatillo. Dort nehmen Büroleute und Dozenten ihren Imbiss ein. Hier geht alles sehr schnell.

Bei *Giampà* dagegen kann man sich Zeit lassen. Der Patron steht am Eingang und begrüßt viele mit Namen. Lächeln, Händeschütteln, freundschaftliches Auf-die-Schulter-Klopfen.

»Heute haben wir frische *ricci*!«, verkündet er stolz.

Auch die Bareser sind verrückt nach rohem Fisch und Muscheln. Nicht nur Venus- und Miesmuscheln, auch in dünne Scheiben geschnittene Mini-Tintenfische *(tagliatelle)* und Moschuskraken *(moscardini)* kommen auf den Tisch. Rohen Fisch zu essen ist ein Erkennungsmerkmal für den sogenannten *barese D. O. C.* Wer sich als Nichteinheimischer an solche Leckerbissen wagt, wird reines Glück erfahren. Wie beim Austernessen das pure Meerwasser am Gaumen spüren. Von diesem Moment an, heißt es, versteht man sogar die Sprache der Sirenen. Selbstverständlich sprechen die Sirenen Baaräsisch.

Man kann sich natürlich auch für nichtfischige Antipasti entscheiden. Nach dem Prinzip des Tischleindeckdich kommen in Schüben aus der Küche alle möglichen apulischen Leckereien. Zum Beispiel *burrata*, ein Frischkäse, der lecker und leicht schmeckt, aber – wie der Name sagt – schwer ist wie Butter. Dazu Focaccia und frittiertes Gemüse aller Art, Auberginen, Zucchini und Co. Nach den Antipasti ist man meistens so satt, dass man sowohl auf den *primo* als auch auf den *secondo* verzichten muss – man geht direkt zu *dolce* oder *frutta* über.

»Was, Sie sind in Bari und wollen unsere Spezialität *cime di rapa* nicht kosten, den Stängelkohl? Und was ist mit der *tiella riso, patate e cozze?*«

An diesem traditionellen Gericht misst sich das Talent des Kochs beziehungsweise der Köchin. Ein unkundiger Reisender würde es vielleicht als »Paella« bezeichnen. Dieses Wort möchte ich gar nicht in den Mund nehmen (ich will ja nicht von meinen Freunden gelyncht werden.) Es handelt sich um einen Auflauf mit Schichten aus Reis, Muscheln, Zwiebelringen und Kartoffelscheiben. Wer will, gibt auch Tomaten- und Zucchinischeiben hinzu. Das Ganze soll ca. 45 Minuten im Ofen garen. Wenn es schön sämig ist und die Reiskörner weder zu hart noch zu weich sind, ist es gelungen. Zu wässrig? Dann hilft alles nichts. Wegschütten und so oft probieren, bis es schließlich klappt. Als Einführung in die Kunst der *tiella* empfehle ich einen Werbespot der Stromwerke, in dem die Protagonistinnen der authentischen Küche zu Wort kommen. Die Hausfrauen aus Bari: *»E poi vedi che ti mangi,* dann weiß man, was gutes Essen ist!«

Zwischen 16:30 und 17 Uhr ist die Zeit für Shopping und Schaufensterbummel gekommen. Man muss nicht über die Kaufkraft einer reichen Aristokratin verfügen, um im *quartiere murattiano* Einkäufe zu machen. »Das moderne Stadtzentrum aus dem 19. Jahrhundert hat die Form eines *castrum romanum* wie in Turin: Es wird von rechteckigen, geraden Straßenzügen gebildet, in denen man sich unmöglich verlaufen kann, weder zu Fuß noch mit dem Auto.« So stellt der 1961 in Bari geborene Krimiautor, Antimafiastaatsanwalt und mittlerweile Politiker Gianrico Carofiglio seine Stadt in *Eine Nacht in Bari* vor. In den rechtwinklig angeordneten Straßen zwischen Piazza Umberto I und Corso Vittorio Emanuele befinden sich die Geschäfte sowohl der großen italienischen Designer (Armani, Gucci, Prada, Ferragamo und so weiter) als auch der preisgünstigeren Modekonzerne.

Aber zwischen den globalisierten Läden, die sich so in jeder europäischen Fußgängerzone finden, gibt es noch ein paar Perlen: hübsche Boutiquen, die eine individuelle Auswahl an Bekleidung, Schuhen und Accessoires anbieten, von Apart und Ausgefallen bis Klassisch und Vornehm. Mich wundert es nicht, dass meine Freunde aus der nahen Basilikata zum Einkaufen hierherkommen. Sucht man zum Beispiel nach einem Hut, wird man in Bari gleich mehrere Läden finden. Wer Kopfbedeckungen liebt, ahnt, wovon ich spreche: Im dritten Jahrtausend ist der Stern von Schiebermützen und Panamahüten im Sinken begriffen. In Hutgeschäften atmet man – zumindest in Italien – jene staubige Luft wie beim Besuch der greisen Großtante. Öffnet man die Tür, weht einem Endzeitstimmung entgegen. Die Verkäufer hinter dem Tresen heben langsam den Kopf und schauen einen mit einer resignierten Miene an. Ihr Gesichtsausdruck sagt: »Ja, wir sind zwar noch hier, aber es wird nicht mehr lange dauern …« Bari bildet hier die große Ausnahme. Die Hutverkäufer sind – egal, ob jung oder alt – quicklebendig und äußerst kommunikativ. Aus verspiegelten Schränken und hohen, offenen Regalen holen sie so lange Mützen und Käppchen, Panama oder Fedora hervor, bis man endlich das Richtige gefunden hat.

Aber auch in der eleganten Via Sparano ist der unerträgliche Druck der Globalisierung seit geraumer Zeit zu spüren. An der Ecke zur Via Putignani ist 2002 Benetton ins einstige Traditionshaus Palazzo Minicuzzi eingezogen. Einst beherbergte es ein exklusives Warenhaus im Stil des englischen Harrod's: Aus dem von klassizistischen Marmorsäulen umsäumten Erdgeschoss schaut man noch heute hinauf zu schwarzen, kunstvoll gewundenen Eisengeländern und pastellgrünen und cremeweißen Ornamenten an der Decke. »Der klassische Barock des Palazzo erinnert an die majestätischen Bauten der Pariser Boulevards. Der gleiche Prunk der Voluten und Balustraden, die gleiche Kühnheit der Form herrschen auf beiden Frontseiten«, schrieb die Tageszeitung *La Gazzetta del Mezzogiorno* am 30.10.1928, dem Tag der Eröffnung des noblen Kaufhauses. Die absolute Sensation war und ist die Kuppel, die mit 50 000 jeweils einen Quadratzentimeter großen Mosaiksteinchen aus Echtgold verkleidet war.

Die Bareser waren erschüttert, als der größte italienische Textilhersteller dort sein Firmenschild anbrachte. Ein wenig Trost spendete die Denkmalbehörde, die versicherte, sie werde wie eine strenge Internatslehrerin über die Renovierung des Baus wachen. Geht man die Via Sparano entlang, wirft man gern einen Blick in das feine Gebäude. Das Licht der alten Lüster wird zwar von simplen Lichtspots verstärkt, und von der Decke hängt eine überdimensionale Fototafel mit einer Jeanswerbung, aber man kann sich immer noch gut die schöne, alte Belle Époque à la Barese vorstellen.

Und noch ein Traditionshaus musste sich jüngst den harten Gesetzen des Kommerzes beugen: Die Buchhandlung Laterza, vom gleichnamigen Verleger 1896 gegründet, hat ihre Verkaufsfläche in der Via Dante deutlich verkleinert. Das Verlagshaus Giuseppe Laterza & Figli ist als Sachbuchverlag über die italienischen Grenzen hinaus renommiert. Autor der ersten Stunde war Anfang des 20. Jahrhunderts der große Philosoph Benedetto Croce (1866–1952). Im Laufe ihrer langen Geschichte haben in der *Libreria Laterza* viele wichtige Vertreter der italienischen Kultur an Podiumsgesprächen teilgenommen und ihre Bücher vorgestellt, Regisseur Pier Paolo Pasolini beispielsweise oder der Nobelpreisträger Dario Fo. Auch wenn die Buchhandlung nun kleiner ist, findet man dort immer noch eine ausgezeichnete Auswahl an aktueller Belletristik sowie Sachbücher über die Geschichte Apuliens und Italiens. Im Verlag Laterza selbst erscheinen unter anderem eindrucksvolle literarische Reisebücher. Für Kenner der italienischen Sprache und Liebhaber der zeitgenössischen Literatur ist es mit Sicherheit ein Vergnügen, im Regal mit Reiseliteratur zu stöbern. Dort fand ich auch das bereits erwähnte »Eine Nacht in Bari« von Carofiglio, in dem sehr persönliche und nostalgische Streifenzüge durch Bari geschildert werden.

Cicoriell … cicorieeell, buooone da mangiaaare … Wie ein Wiegenlied klingt das Rufen eines alten Mannes, der, einen Strohkorb in der Hand, gemächlich die elegante Via Sparano entlanggeht. *Cicorieeell, buooon.* Unter einem blau-weißen Leinentuch liegen frisch gepflückte Wildzichorien, die er leidenschaftlich anpreist. Es ist ein Spätnachmittag Anfang Februar; zwar noch kalt, aber man spürt schon den Hauch des Frühlings in der Luft, jenen leisen Vorboten der schöneren Jahreszeit. Es gibt hier im Süden einen ganz bestimmten Moment, der wie eine Zäsur zwischen den dunklen und den allmählich länger werdenden Tagen steht. Als hätte der Tag dem greisen Winter eine ganze Stunde geklaut. Plötzlich blühen auf den Feldern zwischen Bari und Polignano schon die ersten Kirschbäume. Eine piekfeine Dame tritt aus einer Boutique und winkt den Mann mit schnellen, einladenden Gesten in den Laden. Kein Wunder, die *cicoria* und das weichere Frühgemüse *cicorielle* (*chichorium intybus*) sind Herzstücke der einfachen apulischen Küche, sie gehören zur gastronomischen Tradition in Bari wie der Kartoffelsalat zu der in Deutschland. Auch die schicke Inhaberin eines Modegeschäfts kann auf ihre – baresisch gesagt – *cequére* einfach nicht verzichten. Vermutlich wird sie selbst das dunkelgrüne Gemüse am Abend putzen, ohne auch nur das Perlencollier abgelegt zu haben.

Traditionell isst man die ein wenig bitter schmeckenden Blätter zu einem Püree aus süßlichen Saubohnen – *fave* –, die lange eingeweicht und dann etwa eine Stunde gekocht werden. Im Restaurant bekommt man sie mit geröstetem Brot und nativem Olivenöl serviert. Von der Wildzichorie – auch Wegwarte genannt – isst man nur das Blattgrün, während die härteren Stiele aussortiert werden. Meist protestiert mein deutscher Ehemann bei der Zubereitung der *cicoria* oder des ähnlichen Stängelkohls (der berühmten apulischen *cime di rapa*): dass man so viel Zeit brauche, um das Gemüse zu putzen, so viel wegwerfen müsse und am Ende nur ein wenig Blattgrün übrig behalte. Aus der Sicht der nordeuropäischen Effizienz vielleicht verständlich, aber für einen süditalienischen Gaumen sieht die Sache völlig anders aus. Der Süditaliener – ob jung oder alt, reich oder arm – will gute, genuine Gerichte zu sich nehmen. Wenn es in meiner heimischen Küche zu solchen Diskussionen kommt, versuche ich meinen Liebsten mit den wunderbaren Eigenschaften der *cicorielle* zu überzeugen: Reich an Vitamin A und Kalium, sollen sie nicht nur den Appetit anregen und entgiftend wirken, sondern auch der Leidenschaft zu himmlischen Höhenflügen verhelfen. Nicht zuletzt handelt es sich um ein antikes Gemüse, von dem angeblich schon in einem ägyptischen Papyrus (1550 v. Chr.) die Rede ist und von dem Plinius d. A. schwärmte.

Zwei Frauen um die zwanzig stolzieren in ihren bunten Plateauschuhen die Via Sparano entlang und bleiben vor dem Mann stehen. Er holt ein Bund Gemüse unter dem Tuch hervor, wickelt es in braunes Papier und überreicht es den baresischen Schönen. Schließlich nimmt er ein paar Münzen entgegen und macht sich auf den Weg in Richtung Piazza Umberto I und Bahnhof, wobei er seinen lauten Singsang fortsetzt: *cicorieeell, buooon da mangiaar.*

Die kurze Szene erscheint mir wie ein Sinnbild für diese Region, die sich einerseits geschäftstüchtig und zukunftsgewandt zeigt, andererseits aber – weil sie jahrelang unbeachtet, nahezu am Rande der westeuropäischen Geschichte gelebt hat – ihre Traditionen bewahren konnte. Immer wieder stößt man in Apulien auf diese Mischung von archaischer Tradition und dynamischem Aufbruch in die Moderne.

Gerade als ich dem Mann nachlaufen und auch ein wenig Blattgemüse kaufen wollte, traf ich einen Bekannten. Was machst du in Bari, so lange nicht gesehen, erzähl, komm, *ti offro un caffé*, ich lade dich zum *caffé* ein.

Kurz, ich verlor den *cicorielle*-Mann aus dem Blick – aber dafür zeigte der Bekannte mir noch ein kleines Highlight des Murat-Viertels: *Il baretto,* »die kleine Bar« in der Via Roberto da Bari. Sie wurde zwar erst in den Achtzigerjahren eröffnet, aber man fühlt sich hier wie auf einer Zeitreise zurück ins Fin de Siècle: schwarze Thonet-Stühle im besten Kaffeehausstil, ein verspiegelter Bogen am Ende des Raumes und im Hintergrund klassische Musik. Wenn es regnet, der ideale Platz, um einen Tee und eine heiße Schokolade zu trinken.

»Wie wäre es mit Theater?« Zum Abschluss meines Rundgangs durch das Viertel begleitete mein Bekannter mich zurück in die Via Putignani, dann geradeaus bis zum Corso Cavour, einer großzügig angelegten Allee, und am Staatstheater Petruzzelli vorbei. Dort mussten gerade Proben im Gange sein, beim Vorbeilaufen hörte ich einen Bariton ein Stück aus Leoncavallos *Pagliacci* singen. Eröffnet 1903, war das Petruzzelli damals mit über 2000 Plätzen (heute sind es 1482) eines der größten Theater Italiens; auf seiner mächtigen Bühne konnten auch Opern und Ballette aufgeführt werden, die ein sperriges Bühnenbild verlangten. Wer Zeit hat, dem sei ein Opernbesuch empfohlen; wer keine hat, kann eine Führung mitmachen oder sich Alberto Sordis Film *Polvere di Stelle* (*Stardust*, 1973) anschauen. Die Komödie, ein Meilenstein der italienischen Filmgeschichte, ist teilweise in diesem Theater gedreht worden.

Blick auf die Adria

Meinen nächsten Spaziergang beginne ich am Lungomare Goffredo di Crollalanza; von dort laufe ich in Richtung Piazza Armando Diaz und noch weiter nach Osten. Im Winter ist die Promenade meist menschenleer. Das absolute Gegenbild habe ich an Sonn- und Feiertagen erlebt, insbesondere beim großen Stadtfest zu Ehren des heiligen Nikolaus (siehe nächster Abschnitt). An diesem Februarnachmittag ist es ruhig an der Seepromenade, nur ein paar Jogger begegnen mir und einige Spaziergänger, die mit ihrem Hund Gassi gehen. In den herrschaftlichen Gebäuden zur Rechten sind nicht an allen Fenstern die schweren Gardinen zugezogen, deshalb kann ich hin und wieder einen Blick in die großbürgerlichen Häuser werfen und mir das schöne Leben in der »ersten Reihe« vorstellen: hier Kronleuchter, da die erdigen Farben eines Ölgemäldes. Dachterrassen mit üppigen Gärten, Palmen, Oleander und Zitronenbäume – ein süßes Privileg für wenige.

Am schönsten ist die Promenade am Sonntagnachmittag zwischen zwei und vier, wenn die Bareser zu Hause oder im Restaurant beim traditionell pharaonischen Mittagessen sitzen. Um diese Zeit könnte man meinen, Bari sei von sämtlichen Einwohnern verlassen worden. Weit und breit ist kein Auto unterwegs. Wenn man Leute trifft, dann sind es Ausländer: Touristen oder ukrainische und polnische Frauen, die ihren freien Tag fern von der Familie genießen, bei der sie als Pflegerin der kranken Eltern oder Hausangestellte arbeiten. Im goldenen Licht der Nachmittagssonne wirkt sogar der imposante, strenge Bau der Caserma Bergia ein wenig weicher. Die Gebäude auf dieser Seite – die Kaserne, der Sitz der Regions- und Provinzregierung – sind während der Mussolini-Ära entstanden und strahlen auch nach 80 Jahren noch ihre kühle, rationalistische Aura aus. Während sich die Sonne bedächtig der Horizontlinie nähert und die Schatten bläulich werden, hat das Ganze etwas Irreales –, als ob man mitten in einer metaphysischen Malerei eines Giorgio de Chirico laufen würde.

Ich schaue auf das Meer, die heranrollenden Wellen schlagen sanft gegen die Kaimauer. Das ist nicht mehr Wasser, das ist ein riesiger Mantel aus glänzender türkis-grüner Seide. Plötzlich endet die Reihe der strengen Gebäude aus den Dreißigerjahren. Mit einem Sprung ist man in den Sechzigern und Siebzigern. Hier mündet der östliche Teil der Uferpromenade in den freien Strand Pane e pomodoro. Ein Mann spielt mit seinem Hund Ball im hellen Sand. Im Sommer ist vom Sand fast nichts zu sehen, so überfüllt ist die Bucht von Badenixen und bärtigen Tritonen. Er heißt *Pane e pomodoro* nach dem einfachen Essen der weniger begüterten Leute: ein großes Stück Brot vom Vortag und als Belag einfach ein paar Tomaten, die auf der Scheibe so lange gerieben werden, bis das saftige Fruchtfleisch in das Brot eingedrungen ist und von der roten Frucht nichts anderes bleibt als die dünne Schale, die der Bareser – wie schon erwähnt – ganz etepetete wegwirft. Längst aber gibt sich am Strand keiner mehr mit einer Scheibe Brot zufrieden. Die Großfamilie ist gerüstet wie für eine Expedition in die Wüste. Um die Mittagsstunde werden unter dem Sonnenschirm deftige Nudel- oder Auberginenaufläufe aufgetischt. Und als Dessert zaubert der *pater familias* aus der Kühltasche eine erfrischende Wassermelone hervor.

Jetzt, an diesem hellen Wintertag, lebt das Bild der heißen Stunden nur in der Erinnerung. Die Landschaft wirkt im Licht der untergehenden Sonne eher ruhig und melancholisch. Aber unabhängig von der Jahreszeit gibt es einen guten Grund hierherzukommen: Der Blick auf die Altstadt aus dieser Perspektive ist umwerfend. Links die strengen Bauten aus der faschistischen Zeit. Rechts das Meer. Ganz hinten hebt sich das Teatro Margherita ab, das 1912 auf Stelzen gebaut wurde und heute als Kunsthalle dient. Daneben der *borgo vecchio* mit seinen weißen Kirchtürmen und Kuppeln. Hier möchte ich Sie zu einem Spiel einladen: Zeitmaschine fahren! Es geht ganz leicht. Man braucht nur bestimmte Elemente von Baris Skyline zu fokussieren und andere auszublenden, und plötzlich weiß man, warum die Osmanen von der weißen Stadt so fasziniert waren, dass sie

sie ganz für sich allein haben wollten. Im Schein der sinkenden Sonne erinnert Bari an Venedig. Nur ein kleines Stadtfragment, aber es ruft die vergangenen Jahrhunderte lebendig ins Gedächtnis. Und zur Rechten rauscht – unbekümmert vom Gestern, Heute und Morgen – das Meer in seinem wogenden Rhythmus, den es immer geben wird, auch wenn wir nicht mehr sind: die Adria.

Gegenüber liegt, nur einen Katzensprung entfernt, Osteuropa. Von Bari gehen regelmäßig Fähren nach Kroatien, Montenegro und Albanien. Während ich zurückspaziere, kommt mir ein Dokumentarfilm mit historischen Aufnahmen von Bari in den Sinn: *La nave dolce/Das süße Schiff*, 2012, des mehrfach ausgezeichneten Regisseurs Daniele Vicari. Am 8. August 1991 läuft der albanische Frachter *Vlora* in den Hafen von Bari ein. Das ziemlich marode Schiff hat bislang Zucker von Kuba nach Albanien transportiert, jetzt bringt es 12 000 Flüchtlinge, die den Kahn quasi gekapert haben, nach Italien. In den Augen der Albaner ist nur eine Botschaft zu lesen: »Entschuldigt die Störung, aber wir wollen an eurer westeuropäischen Geschichte teilhaben.« Nach dem Fall der Berliner Mauer und den grundlegenden Veränderungen in Osteuropa werden Bari und Apulien mit einem Mal in den Mittelpunkt der Weltöffentlichkeit hineinkatapultiert.

Die Stadt reagiert mit Wärme auf das unerwartete Ereignis. Der Bürgermeister unterbricht seinen Sommerurlaub, Hunderte Bareser eilen zum Hafen, um den dehydrierten, von der Fahrt unter der gleißenden Augustsonne vollkommen erschöpften Menschen zu helfen. RAI-Archivaufnahmen, die Vicari in einer packenden Erzählung mit den Berichten albanischer und italienischer Zeitzeugen zusammengefügt hat, zeigen ein gefährlich überladenes Schiff. An

Bord wimmelt es von Menschen. Da an Deck kein Platz mehr ist – nicht einmal zum Atmen –, sind einige am Mast hochgeklettert und haben dort die Fahrt verbracht – mit erhobenen Armen, sich an den Tauen haltend, vom Gelobten Land Italien träumend. Als sie den Hafen erspähen, schreien sie aus voller Seele. Überglücklich begrüßen sie das Land, das sie – so glauben sie – aufnehmen wird. Die Ersten springen ins Meer, schwimmen bis zur Mole. Ich lebte damals in Deutschland und schaute auf die dramatischen Bilder, die die ARD ausstrahlte. Durch die Zeitungen erfuhr ich von der *gara della solidarietà*, dem Wetteifern in Solidarität. Tausende Flaschen Mineralwasser werden im Nu verteilt, dazu Decken, damit die abgekämpften Frauen und Jugendlichen sich auf der Mole ausruhen können.

Aber aus Rom telegrafiert die Zentralregierung des Ministerpräsidenten Giulio Andreotti: Kein Flüchtling darf bleiben, keiner darf von Bord gehen. Baris Bürgermeister wird in dieser schrecklichen Stunde scharf zurückgepfiffen. In einer Pressekonferenz mit Vertretern des Innen- und Verteidigungsministeriums wird er behandelt wie der Depp vom Dorf. Es fehlt nicht viel, und ihm wird Landesverrat vorgeworfen. Die *Vlora* wird evakuiert, wie Rom es will. Die Flüchtlinge bleiben tagelang unter sengender Sonne in einem Fußballstadion eingesperrt und werden dann mit Alitalia-Maschinen nach Albanien zurückgeflogen. Abgeschoben.

Mal di Levante, kann der Osten krank machen?, fragt der Sozialwissenschaftler Franco Cassano in einem 1997 erschienenen Essay. Die *Levante*, das Morgenland, das im 14. und 15. Jahrhundert Apulien seinen Reichtum bescherte, bringt Ende des 20. Jahrhunderts die Gesellschaft ins Wanken. Die Scheinwerfer der EU-Außenpolitik richten sich auf Apulien. Andreottis politisches Kalkül geht auf, Italien bekommt von der EU Subventionen, um die Grenzen durch Küstenwachen strenger zu kontrollieren. Damals ging es um die Albaner, heute ist das Problem der Immigranten noch brennender. Und nach wie vor ungelöst. Unlösbar? Heute sind es Libanesen, Marokkaner, Sudanesen, Syrer, Algerier, die nach Italien kommen.

> »Wir sind die Unzähligen,
> verdoppele jedes Feld auf dem Schachbrett.
> Wir pflastern mit unseren Körpern Euer Meer,
> Um darauf zu laufen.«

Das Gedicht von Erri De Luca ist von der bekannten Musikgruppe Canzoniere Grecanico Salentino vertont worden. Der Schauspieler Alessandro Gassmann hat dazu einen berührenden Videoclip gedreht. Unbedingt anschauen!

So endete mein Aufenthalt in Bari. Den Kopf voller bewegender Eindrücke und eine Tasche voller Orecchiette, fuhr ich nach Hause. Und hier muss ich etwas beichten. Ich habe vergessen, den Koffer sofort auszupacken. Und am nächsten Tag waren die Nüdelchen schimmelig. Dabei hatte die alte Dame es mir so eindringlich ans Herz gelegt: *Devono prendere aria*, sie müssen an der Luft liegen. Seither lautet meine persönliche Gebrauchsanweisung für *Orecchiette*: Am besten isst man sie vor Ort!

Feiern auf Baresisch: der heilige Nikolaus

Es ist eine dunkle und stürmische Nacht. Die Nacht vor der Feier zu Ehren des heiligen Nikolaus. Ich schaue aus dem Fenster meines kleinen Pensionszimmers auf ein tintenschwarzes Meer. Nach einer Weile weckt mich feierlicher Glockenklang. Ich sehe mich verschlafen um und merke, dass ich auf meinem Stuhl eingeschlafen bin. Die Glocken rufen die Bareser zum Gottesdienst. Besser gesagt: die Bareserinnen. Am 6. Dezember pilgern vor allem Frauen – Großmütter, Mütter und Töchter – in die Krypta des Doms, zu dem Sarkophag, in dem die Gebeine des bärtigen Heiligen aufbewahrt werden. Nach der Messe gibt es statt Süßigkeiten im Stiefel eine heiße Schokolade. Die Cafés rund um den Dom machen an diesem Tag extra früh auf.

Kurz nach sechs betrete ich mit meiner Freundin Elisabetta eine Bar. Auch wenn ich zu der kalten Morgenstunde lieber einen heißen Tee trinken würde, nehme ich dankbar eine Tasse mit dem dunkelbraunen Getränk entgegen, die mir ein freundlicher Kellner schnell in die Hände schiebt. Vor dem Tresen drängt sich Jung und Alt, und er möchte alle gleichzeitig bedienen. Geplauder und Getuschel, zufriedene Gesichter. Eine ältere Dame reibt sich die Hände. *Che freddo,* wie kalt heute Morgen.

»Ursprünglich wurde diese Messe am sechsten Dezember für die *vergini*, die Jungfrauen, gehalten …«, fängt Elisabetta an zu erzählen. »Aber jetzt …«, sagt sie augenzwinkernd »… gibt es keine Jungfrauen mehr!«

»*E meno male!* Gott sei Dank«, mischt sich eine lokale Schönheit ein, stellt ihre Tasse mit einem Klack auf den

Plastikstehtisch und wirft mit einer lässigen Handbewegung ihr sehr langes, sehr schwarzes Haar zurück.

»Ja …«, sagt meine Freundin verhalten. An ihrer hochgezogenen Augenbraue sehe ich, dass ihr die Unterbrechung missfällt. Dennoch lächelt sie bemüht freundlich. »Jetzt ist es ein Gottesdienst für die *noch* Unverheirateten, die an diesem Tag …«

»Wenn du heutzutage noch eine Jungfrau im Freundeskreis hast …«, fällt die andere ihr erneut ins Wort »… dann musst du dir echt Sorgen machen …«

»… an diesem Tag …« Beim Wort »Tag« hebt Elisabetta die Stimme und schaut der Dreißigjährigen fest in die Augen, um deutlich zu machen, dass sie nicht noch einmal unterbrochen werden möchte. »… legen die Unverheirateten bei *San Nicola* ein Gelübde ab, wenn sie innerhalb eines Jahres einen Freund finden und heiraten möchten.«

Die andere nickt eifrig. »*Sì, sì, sì.*« Dann lacht sie. »Aber wenn *die*, die heiraten will, noch Jungfrau ist … Na, dann … muss man sich vor ihr fast fürchten. Die ist bestimmt nicht ganz normal!«

Jetzt lachen wir alle zusammen.

Einige vorn am Tresen drehen sich nach uns um. Auch der Kellner reckt neugierig den Hals.

»Aber du musst im Frühling kommen …«, erklärt mir die Unbekannte, nachdem sie den letzten Schluck Schokolade getrunken hat. »Wir feiern den heiligen Nikolaus Anfang Mai. Du wirst Bari nicht wiedererkennen … so schön ist es an diesem Tag.«

»Kennst du die Geschichte von *San Nicola* überhaupt?«, fragt Elisabetta.

Ich nicke, während in mir eine Erinnerung wach wird. Mein Vater, überzeugter Sozialist und warmherziger Katholik, erzählte bei unseren Ausflügen nach Bari oft vom heiligen Nikolaus. Seiner Meinung nach der erste, einzige und wahre europäische Heilige, der Ost und West vereint hatte. Trotz des Kalten Kriegs und der Berliner Mauer gelang es vielen orthodoxen Gläubigen aus Osteuropa, Russland und dem Balkan immer wieder, nach Apulien zu pilgern.

»Ja«, sage ich. »Laut den Hagiografien ist *San Nicola* der berühmteste Heilige der Ost- und Westkirche.«

»Was heißt das denn? *Agiografie*?«, fällt die Dunkelhaarige mir wieder ins Wort.

Elisabetta, die in Bari geboren ist und dort Italienisch unterrichtet, lächelt vergnügt. »Das sind die Kirchengeschichtsbücher. Jedenfalls … jetzt erzähle ich euch die Geschichte unseres Schutzpatrons. Es war im frühen Mittelalter. In ganz Europa war die Zeit der Jagd nach den Reliquien angebrochen. Auch in Italien wollte jede Stadt ihre eigene haben. Also machten sich auch die Bareser auf den Weg nach Kleinasien, wo besonders viele Heiligen verkehrten … Kaum in Myria angekommen, sahen die Matrosen sich mit einer schlechten Nachricht konfrontiert: Soeben hatten die Venezianer den Evangelisten Markus ergattert und waren davongesegelt. *Grrr – che rabbia,* wie ärgerlich!« Elisabetta ballt die Hände zu Fäusten. »Die Seerepublik war ihr größter Feind. ›Aber‹, sagte einer zu ihnen, ›es gibt noch den Nikolaus. Auch ein Märtyrer.‹ – ›Aber der ist schwarz!‹, riefen die apulischen Matrosen entrüstet aus. ›Ja‹, war die Antwort, ›er ist zwar schwarz, aber *sehr* wundertätig. Nehmt ihn mit!‹ Die Matrosen überlegten. Entweder eine *brutta figura*, eine schlechte Figur machen, weil die Venezianer ihnen zuvorgekommen waren, oder mit dem dunkelhäutigen Märtyrer nach Hause kommen. ›Was soll's?‹, sagten sie sich. ›Er ist zwar schwarz, aber immerhin war er Bischof!‹

Als sie in Bari ankamen, wartete die ganze Stadt gespannt am Hafen. ›*Ma è nero*!‹, riefen die Leute konsterniert aus, als sie die Reliquie sahen, ›der ist schwarz!‹ – ›Er sieht aus wie ein Moslem‹, schrien andere. ›Aber was soll's ...‹ Der Heilige war nun mal angekommen, er hatte viele Monate auf See verbracht, man konnte ihn jetzt nicht einfach so zurückschicken. Was würde der Rest der Welt dann über Bari denken? Wo bliebe da die viel gerühmte Gastfreundlichkeit und kosmopolitische Offenheit der Bareser?«

Elisabetta sucht in der Hörerschaft Konsens. Zustimmendes Gemurmel. Mehrere Frauen nicken.

»Die Geschäftstüchtigen unter ihnen sagten: ›Behalten wir ihn hier! Wer weiß, vielleicht bringt er uns sogar Glück und Geld.‹ Und so war's! Bari wurde zur Pilgerstadt. Fast wichtiger als Rom.«

»*No, no*«, mischt sich nun eine Dame um die sechzig mit blau getönter Pilotenbrille ein. »*L'arrubarn proprie* – Nikolaus' Gebeine sind regelrecht geklaut worden!« *Sanda Nècole*, wie der Heilige im Dialekt genannt wird, wurde damals schon in halb Europa verehrt. Sogar die Orthodoxen beteten ihn an.

Noch heute fordert die Türkei die Reliquien zurück. Wie die Kontroverse ausgehen wird, ist eigentlich klar. Nie und nimmer wird Bari auf »seinen« Heiligen verzichten. Und das nicht nur aus Frömmigkeit: Die Pilgerscharen kurbeln die Wirtschaft der Gemeinde an. *Pochi, sporchi e subito*. Egal, ob wenig oder schmutzig – Hauptsache, Geld, und zwar sofort!

Dieser Spruch fällt mir wieder ein, als ich im Mai entlang der Uferpromenade spazieren gehe. Am Vormittag des 7. Mai laufen die Vorbereitungen für das Fest auf Hochtouren. Streng genommen ist hier auf den ersten Blick nicht viel Apulisches zu sehen, es dominiert der globalisierte Kirmesstandard: *patatine* (Pommes), *porchetta* (Spanferkel), *salsiccia* (Wurst). Kleintransporter kommen an, Tür auf, mehrere Paletten mit Softdrinks und Bier werden entladen, Tür wieder zu. Weiter. Der nächste. Eine Ecke weiter werden Luftballons aufgeblasen: ein Triumph von Hello Kitty und Spiderman. Auch darf die bei Kindern beliebte Peppa Pig nicht fehlen. Zunächst kein *San Nicola* weit und breit. Aber das soll sich in der Altstadt ändern. Überall grüßt dort der Nikolaus von Fotos und Plakaten. Auf einem Schild warnt ein verwackeltes Bild des Heiligen mit erhobenem Zeigefinger: »*Se mi vedi così non guidare,* wenn du mich so unscharf siehst, dann hast du zu viel gebechert, also lass das Auto lieber stehen!«

Die Festlichkeit im Mai wird auch *festa dei baresi* genannt. Die Bareser feiern die Ankunft der Reliquien ihres Stadtheiligen im Jahr 1087. *San Nicola: il santo venuto dal mare,* der Heilige, der vom Meer her kam. Vor allem aber zelebrieren die Bareser mit einem gigantischen, drei Tage dauernden Bacchanal sich selbst.

Ich habe mich mit Elisabetta in der Eisdiele *Antica Gelateria Gentile* gegenüber dem Normannischen Schloss (Castello Normanno Svevo) verabredet. Schon als ich vom Corso Vittorio Emanuele in die Altstadt abbiege, merke ich, dass die Stimmung hier anders ist als an normalen Tagen. In einem Hof sehe ich Menschen in mittelalterlichen Kostümen. Einige warten unschlüssig, einer raucht eine Zigarette, ein anderer telefoniert. Die letzten Details werden überprüft. Eine Frau setzt einen zierlichen Blumenkranz auf den Kopf eines kleinen Mädchens. Eine weitere ist mit der Frisur einer jungen Frau beschäftigt und schiebt sorgfältig deren schwarze Locken unter ein Kopftuch aus grobem Leinen. Der Festakt zu Ehren des Stadtheiligen beginnt alljährlich am 7. Mai mit einem historischen Umzug, an dem ca. 700 Darsteller teilnehmen. Schon seit drei Jahren wird das Spektakel von einem professionellen Theaterregisseur betreut, der die Inszenierung monatelang vorbereitet.

Indes schlendern immer mehr Menschen zur Festung. Sie ist der Sammelpunkt für die verkleideten *figuranti*. Die Männer tragen Kostüme aus grobem Leinen – die Tracht der apulischen Bauern aus dem 11. Jahrhundert –, den Frauen ist ein wenig Farbe erlaubt: Kürbisrot oder Flaschengrün. Eine Gruppe kommt aus Altamura. Der Erste in der Reihe trägt eine Standarte mit schwarzem Adler auf weißem Grund. Darunter prangt der Name »FEDERICUS«. Kein Deutscher ist in Apulien beliebter als der Hohenstaufer. Altamura wiederum soll die Lieblingsstadt des Kaisers gewesen sein. Die Städte Andria und Barletta behaupten allerdings das Gleiche von sich.

Einige der Kostümierten tragen Ähren und Getreide – die Symbole des Bauernlebens –, andere haben Kräutersträuße aus Lorbeer, Pfefferminz und Salbei im Arm. Es folgt ein Mann, der eine Schubkarre voll bauchiger Brotlaibe vor sich herschiebt. Andere spielen *Les miserables* mit künstlichen Narben und aufgemalten Pocken. Ein paar schwarz gefärbte Sarazenengesichter, wie ja auch der heilige Nikolaus es hatte, dürfen nicht fehlen. Trommeln und Trompeten, Dutzende Fahnenschwinger, ein Tambourmajor in mittelalterlicher Samttoga: Beim Anbruch der Dunkelheit setzt sich der Zug in Bewegung.

Die Menschenmenge ist so dicht, dass man nichts sehen kann. Wer glücklicher Besitzer einer Wohnung entlang der Strecke ist, hat an diesem Abend Freunde und Verwandte eingeladen, die Balkone sind überfüllt. Dem Umzug folgt ein mehrgängiges Abendessen mit Fischgerichten, *nadural-menntt*! Am nächsten Tag muss niemand arbeiten, die Schulen sind geschlossen. Es ist Feiertag.

Wir steigen auf die Stühle des Eiscafés, um überhaupt etwas sehen zu können. Die russische *barista* schaut uns etwas vorwurfsvoll an.

»Wir zahlen gleich!«, ruft Elisabetta. Wir wollen in der Altstadt essen gehen und vor der großen Basilika auf die Ankunft des Zuges warten.

Glauben, Beten und schließlich auch *mangiare*, Essen – das gehört zur süditalienischen Religiosität, heute noch mehr als gestern. Jedes katholische Volksfest findet auch in Apulien seinen Höhepunkt in Gaumenfreuden, selbstverständlich auch die Feierlichkeiten zu Ehren des heiligen Nikolaus. In der Altstadt wird das ganze Jahr über auf der Straße Essen verkauft, aber an diesem Tag sind es mindestens doppelt so viele Stände wie sonst. Vor fast jedem Haus steht eine simpel zusammengeschusterte Kochnische: ein Tisch, eine Gasflasche, eine einfache Kochstelle. In der Pfanne brutzeln *sgagliozze,* Polentastücke, und *popizze*, Bällchen aus Hefeteig, der typische Imbiss für zwischendurch. Eine Frau, deren Kittel schon viele Nikolausjahre überlebt haben muss, schaut konzentriert in die Pfanne und wendet die kleinen, gelbgoldenen Krapfen bedächtig mit dem Schaumlöffel.

»Möchten Sie? Nur ein Euro.«

Schon werden die Bällchen herausgehoben, auf einen Teller gelegt und dann in eine Papiertüte gegeben. Und jetzt die Gretchenfrage auf Baresisch: *sale o zucchero*? Auch das eine Frage der Religion. Manche mögen die *popizze* am liebsten mit Zucker, andere bevorzugen sie mit Salz. Es ist Aperitifstunde. Also entscheiden wir uns für deftig. Die Frau streut das Salz direkt in die Tüte.

»*Agitare*«, sagt sie, legt die Schaumkelle zur Seite und wackelt mit beiden Händen hin und her. Ich soll das Papiertütchen schütteln, damit sich das Salz gut verteilt. Erst danach dürfen wir die duftenden Teigstückchen essen. Natürlich mit bloßen Fingern und ohne Serviette. Für einen Abend wollen wir die Hygienemacke vergessen. Und die Kalorien sowieso!

In dieser Nacht darf man nicht zimperlich sein. Überall brutzeln *fornacelle*. Dieses Wort wird man im Wörterbuch vergebens suchen. Die angeblich feineren Norditaliener bevorzugen das angeblich feinere englische *barbecue*. Der Grill ist der gute Freund der Bareser: bei sämtlichen Feiern, beim Picknick am Ostermontag und beim Ausflug am Wochenende. Ich richte meinen Blick auf den Grillrost. Es duftet zwar ganz appetitlich, aber wird jemand von uns es schaffen, den armen *polpo* zu essen? Das als scheu und neugierig geltende Weichtier ist eines schrecklichen Todes gestorben. Am Nachmittag habe ich hier die noch lebenden Kraken in zwei Plastikwannen schwimmen sehen. »Was ist los? Ist das tatsächlich das Ende?«, schienen sie zu sagen. Und jetzt sind sie hier. Zerstückelt und geröstet. Der Verkäufer schiebt die mundgerechten Stücke in ein halbes Baguette.

»Was ist? Schmeckt es dir nicht?«, fragt Elisabetta und fügt schnell hinzu: »Dann probier lieber die *gnummaridd*!« Dabei handelt es sich um *die* Spezialität in Apulien und der Basilikata: winzige Rouladen aus Lammleber beziehungsweise Ziegeninnereien, die durch Naturdarm oder Lungenfleisch zusammengehalten werden. »Jetzt sag bloß nicht, dass du Vegetarierin bist!«

Tausend und abertausend Brötchen werden an den Festtagen verkauft werden. Aber nur wenige der Verkaufsstellen haben eine Genehmigung. Nirgends bekommt der Kunde den *scontrino* – die Quittung. Alles Schwarzgeld. Die Gemeinde drückt ein Auge zu. Zum einen wegen der bevorstehenden Kommunalwahlen, zum anderen wegen des Protests der Einzelhandelverbände. Schließlich weiß nur der heilige Nikolaus davon, und *San Nicola* oder, auf Baresisch, *Sanda Nècole, è grand*. Ein großartiger Heiliger: Er sieht und verzeiht alles.

Zum Dank darf er am nächsten Tag an die frische Luft. An die Seeluft! Denn anders als seine Kollegen in anderen Städten wird der heilige Nikolaus einmal im Jahr nicht nur durch die Stadt getragen, damit er sieht, wie weit es die Bareser gebracht haben – nein, sein Ausflug wird von einer Bootstour gekrönt. Und ganz Bari ist dabei.

Vorsichtig hieven sie ihren schwarzen Heiligen an Bord eines großen Fischkutters, der für diesen Tag geschrubbt und mit bunten Wimpeln geschmückt wurde. Natürlich heißt das Boot *Nikolaus*. Die Honoratioren der Stadt warten schon an der Reling, junge Damen in Cocktailkleidchen stolzieren lächelnd zwischen Schiffstauen umher, als hätten sie nie etwas anderes getan. Das gemeine Volk schaut vom Ufer aus zu; wer ein Boot ergattern konnte, wartet geduldig im Hafenbecken auf den Beginn der schwimmenden Prozession. Uns hat ein alter, schweigsamer Mann in seinem Fischerboot hinübergerudert. Wir hätten auch zu Fuß gehen können, so dicht liegen die Boote im Hafen.

Endlich ist der Heilige sicher vertäut, der Segen gesprochen, und der Kutter setzt sich in Bewegung, während die Hafensirene heult, die Böller knattern und die Bareser applaudieren. Hinter dem Heiligen Hunderte von Booten voll mit fein herausgeputzten Leuten. Auch die Carabinieri, die zwischen den Booten auf See-Scootern patrouillieren, haben sich aufgemotzt wie für einen James-Bond-Film. Eine Dame seufzt: »*Speriamo che non si stanca*, hoffentlich ist es für Nikolaus nicht zu anstrengend!«

Bis zum Abend soll die Statue des Heiligen auf See bleiben. Die Gläubigen folgen dem Kutter wie die Küken der Entenmutter. An der Hafeneinfahrt, am Ende der Mole, geht Nikolaus vor Anker. Dort, am Übergang zur hohen See, dürfen die Gläubigen sich ihm nähern und einen Segen erflehen – natürlich für einen gewissen Obolus. Wie Fischernetze lassen die Gemeindediener ihre Klingelbeutel nach unten. Münze rein, und das Gebet wird erhöht. *Pochi, sporchi e subito.*

Aristokratisches Lecce, unterirdisches Lecce

»Zauberhaft ist Lecce. Wenn ich sie mit einer anderen italienischen Stadt vergleichen sollte, würde ich nicht im Süden danach suchen. Eher in der Po-Ebene, im Veneto oder in der Emilia. In Städten, die Sitz eines Herzogs oder eines Fürsten waren. Dort, wo noch der Geist einer aristokratischen Kultur lebt.« Das Zitat stammt aus Guido Piovenes (1907–1974) *Viaggio in Italia*, einer beeindruckenden Reportage über eine Reise von den Alpen bis Sizilien aus dem Jahr 1957. Lecces wohlhabende Oberschicht war mit dem Adel ganz Europas verwandt und verschwägert. Das Haus Orsini del Balzo oder die Grafen Enghien sind noch heute allen Leccesern ein Begriff. Sogar eine Eissorte ist nach der edlen Dame Maria d'Enghien (1387–1446) benannt: eine süße, hellgrün schimmernde Zitronencreme mit Biskuiteinlage. Während der Renaissance und der Barockzeit ließ sich die Aristokratie von Lecce als Zeichen ihrer Überlegenheit pompöse Paläste bauen. Politisch hing man zwar von Neapel ab, aber man wollte keinesfalls hinter der bourbonischen Hauptstadt zurückstehen. »Hätte Lecce das Meer, wäre Neapel längst untergegangen«, lautet ein altes Sprichwort. Anders als die Hauptstadt Kampaniens verfügt Lecce zwar über keinen direkten Zugang zur See, aber Minderwertigkeitskomplexe hatte man hier noch nie.

Im Jahr 1797 kam seine Majestät der König von Neapel, Ferdinand IV., zu Besuch: Laut Protokoll musste sich der Herrscher, der von eher einfachem Gemüt war, einer ganzen Reihe von Verpflichtungen unterziehen: offiziellen Begegnungen und Empfängen bei verschiedenen adligen Familien. Die Gespräche kreisten stets um die kunstvolle Barockarchitektur der Paläste. Immer wieder musste der Bourbonenkönig, der sich eher für die Jagd und die Freuden der Tafel interessierte, ein Gähnen unterdrücken. Was ihm richtig zu schaffen machte, waren die ewig langen Besuche in Klöstern und Kirchen, an denen es in Lecce nicht mangelte. Nach mehreren Tagen voller Gottesdienste und Abendgesellschaften wurde er zunehmend nervös und sogar ausfällig, was für seinen durchaus jovialen Charakter ungewöhnlich war.

Am 3. Mai führte der königliche Zug nach der x-ten Messe am Prato-Bogen vorbei. Schon damals betrachtete man das altehrwürdige Denkmal mit großem Stolz. Kein Geringerer als Karl V. hatte zwei Jahrhunderte zuvor der adligen Familie Prato ein besonderes Privileg erteilt: Wer unter dem Bogen verweilte, durfte nicht verhaftet werden. Aber Ferdinand war erschöpft von zu viel Kunst und Kultur. Als der Bürgemeister Oronzo Mansi, der die Delegation leitete, die kunstgeschichtliche Bedeutung des Monuments erläutern wollte, hörte die gesamte Lecceser Aristokratie seine Majestät den folgenden Satz artikulieren: »Dieser Bogen ist mir scheißegal!«

Die Entrüstung war groß, aber keiner sagte einen Mucks. Am 8. Mai war der Besuch des Königs endlich vorbei. Auf der Piazza Duomo sollte ein feierlicher Abschied stattfinden, aber der von prunkvollen Gebäuden umsäumte Platz war menschenleer. Kein Adliger war erschienen, um seinem König zu salutieren. Als Ferdinand eine Erklärung verlangte, ließ sich Bürgermeister Mansi, der den Affront vor dem Prato-Bogen nicht vergessen hatte, die Gelegenheit nicht entgehen. »Majestät«, sagte er ernst. »Lecce ist eine Stadt der Kunst. Uns ist scheißegal, wer kommt und wer geht!«

Diesen Eindruck hatte ich auch gelegentlich, zum Beispiel, als ich in der schicken Kneipe *Doppio zero* trotz mehrmaligen Winkens fast eine ganze Stunde gewartet habe, bis die Bedienung mir endlich die Ehre erwies, eine Bestellung entgegenzunehmen. Auch meine ersten Interviewtermine sind mysteriöserweise alle geplatzt.

Am Telefon war mein Bekannter reizend. »Wow, super, du kommst nach Lecce. Morgen um zwölf? Gut, melde dich, sobald du hier bist.«

Wie verabredet, rief ich ihn an. Ich hatte gerade den Stadtbogen Porta Rudiae passiert und blieb vor der schönen Barockfassade der Chiesa San Rosario stehen.

»Ah, Maria Carmen, du bist schon da?«, fragte er abwesend. »Ich habe jetzt aber keine Zeit. Ich muss die Kinder abholen. Nachher? Weiß ich nicht. Morgen? Vielleicht …«

Er verabschiedete sich, und ich wurde so sauer, dass ich um ein Haar mein Handy gegen die steinernen Voluten der Kirchenfassade geschleudert hätte. Abgesehen davon, dass ich das Meisterwerk des Bildhauers Giuseppe Zimbalo (1620–1710) nicht zerstören wollte, brauchte ich auch mein Handy (2013 –) noch, da ich für den Nachmittag eine weitere Verabredung getroffen hatte.

Auch hier wurde ich versetzt. Im mondänen Schuppen *Bar dei Trentamila* wartete ich exakt zwei Stunden und kannte inzwischen die Etiketten beinahe aller Whiskyflaschen auswendig, die in der drei Meter hohen Vitrinenwand zur Schau gestellt waren. Von der Decke verströmten Designerlampen ein warmes, diffuses Licht, obwohl draußen die Sonne schien. An den Tischen saßen gut verdienende Dreißigjährige. Ein Triumph hochhackiger Schuhe und nackter Frauenbeine, Designeranzüge, Prada-Taschen und Gucci-Brillen. Und der obligatorischen langen blonden Mähnen. (Falls es Sie interessiert: In Süditalien muss eine Frau blond sein, koste es, was es wolle. Aber in Lecce gibt es viele echte Blonde, dank der vielen nordländischen Vorfahren: Lombarden, Ungarn, Slaven und Normannen, die im Laufe der Jahrhunderte abwechselnd die Stadt eroberten.) Als die Bedienung, die ebenfalls sehr aristokratisch wirkte, mich zum fünften Mal fragte, ob ich noch auf meine Verabredung warten oder schon bestellen wolle, huschte ein höhnisches Lächeln über ihr Gesicht.

»Nach zwei Stunden bist du aber gegangen, oder?«, fragten am Abend meine Freunde Franco und Beatrice aus dem salentinischen Städtchen Casarano ernsthaft besorgt.

Soll ich die Wahrheit sagen? Ich hatte die Journalistin, mit der ich verabredet war, viele Male angerufen. Zunächst war sie nicht rangegangen. Endlich nahm sie dann ab und erklärte seelenruhig – wenn auch ein wenig verlegen –, sie habe beinahe geahnt, dass sie es nicht schaffen würde. Und sie habe doch versucht, mir bei unserem ersten Telefonat durch die Blume zu verstehen zu geben, dass sie eigentlich keine Zeit habe.

»Zauberhaft ist Lecce.« Ja, was Guido Piovene schrieb, stimmt voll und ganz: Man läuft durch die Gassen und kann nicht umhin, lächelnd den Blick zu heben und die prunkvollen Fassaden der Paläste und der Kirchen zu bewundern. Das Material aller Barockbauten im historischen Stadtkern ist ein goldgelber Kalksandstein – *la pietra leccese. U liccisu*, wie er im Dialekt genannt wird. Aus diesem weichen und gut zu bearbeitenden Stein sind Bögen und Balkone, Fassaden, Heiligenstatuen, Putten und Tierplastiken gefertigt. Großartig sind die Chiesa Santa Croce und der Domplatz mit dem Glockenturm, dem Bischofspalast und dem Seminargebäude. Wegen der Pracht seiner Gebäude ist Lecce als »Florenz der Rokokozeit« oder »Florenz des Südens« in die italienische Geschichte eingegangen.

Bei Tageslicht fasziniert der helle Stein mit cremefarbenen Nuancen. Man verspürt Lust, ihn zu berühren, über die steinernen Weintrauben und Akanthusranken, die Wände und die Putten zu streichen, das lebendige Zeugnis einer glänzenden Zivilisation, die an der Geschichte Italiens wesentlichen Anteil hatte, unter den Fingerkuppen zu spüren. Aber berührt man die rauen Oberflächen tatsächlich, rieselt einem der Stein in die Hand. Zerbröselt zu unzähligen, winzigen blonden Sandkörnern. Leicht gibt das Material nach, schmiegsam war es unter den Fingern der besten Bildhauer und Stuckateure der Rokokozeit. Wie vielen Touristenhänden wird es noch standhalten?

In den Bauten der Stadt scheint sich ein Wesenszug ihrer Einwohner zu manifestieren. Eine mit reichen Ornamenten geschmückte Außenansicht, schwingende Formen, Säulengruppen und prächtige Kuppeln. Aber eben Fassade. Man muss sich Zeit nehmen, um zu entdecken, was sich hinter der Oberfläche verbirgt. Und Lecce bietet dazu wunderbare Gelegenheiten: Am vorletzten Wochenende im Mai zum Beispiel lädt die Veranstaltung *cortili aperti* dazu ein, die Altstadt zu entdecken. Dann werden die Tore von Bürger- und Adelspalästen geöffnet. Privatleute empfangen die Besucher und zeigen ihnen ihre geheimen Gärten und lichtdurchfluteten Innenhöfe. Organisiert werden die Führungen von der Associazione Dimore Storiche Italiane (ADSI), einem privaten Kulturverein, der sich auf nationaler Ebene für den Erhalt der historischen Gebäude Italiens einsetzt.

»In Apulien verzeichnen wir ca. 180 Residenzen«, erklärt Giuseppe Serraca Guerrieri, Präsident der apulischen Sektion und waschechter Lecceser. Nicht alle, aber die meisten sind an diesem Wochenende zu besichtigen. Dies sei *un momento di grande gioia,* ein Augenblick großer Freude, für Besucher wie Besuchte, unterstreicht Herr Serraca Guerrieri. Gästen aus Deutschland empfiehlt er, sich über die Internetseite des Vereins rechtzeitig für eine Führung anzumelden. Die Nachfrage sei sehr groß. Aber auch wenn die Innenhöfe offen stehen, kann man nur selten einen Blick in die Innenräume der fürstlichen Residenzen erhaschen. Meine Freunde Beatrice und Franco kamen jedoch mit dem Eigentümer eines solchen herrschaftlichen Palazzo ins Gespräch, und als dieser merkte, dass Franco sich mit der lokalen Geschichte hervorragend auskennt, lud er die beiden zu einem Kaffee in seine Wohnung ein. Unter einer mit zarten Pflanzen- und Blumenornamenten dekorierten Decke tauschten die drei sich mehrere Stunden lang über die Stadtgeschichte aus. Auch das ist *amore,* die Liebe zu Lecce.

Diese Leidenschaft kann ich sehr gut nachvollziehen. Immer wieder bleibe ich in beinahe religiöser Bewunderung an der Piazza Sant'Oronzo stehen. Nicht weil ich fromme Gefühle hege. Der große Platz ist dem Philosophen und Märtyrer geweiht, der 1658 die Stadtpatronin, die heilige Irene von Thessaloniki, ablöste; er bewahrte – so die Legende – Lecce vor einer großen Pestseuche. Der Grund meiner Entzückung ist vielmehr das römische Amphitheater (2. Jahrhundert n. Chr.), das sich eine Ebene unter der Straße befindet und erst zu Mussolinis Zeit teilweise freigelegt wurde. Die Piazza Sant'Oronzo ist ein offenes Geschichtsbuch, hier kann man unterschiedliche historische Schichten mit eigenen Augen sehen. Der größte Teil der römischen Arena liegt nach wie vor unter einem Gebäude aus dem 17. Jahrhundert, und dort wird er weiterhin seinen steinernen Schlaf schlummern. Hinter dem Amphitheater erheben sich strenge Bauten im faschistischen Stil, und daneben befindet sich der Rumpf eines Renaissancegebäudes: ein hoher, spitzer Bogen. Im 16. Jahrhundert stand hier die venezianische Gesandtschaft.

Die Piazza Sant'Oronzo ist der Salon der Stadt – in etwa vergleichbar mit dem Gendarmenmarkt in Berlin. In der Vorweihnachtszeit wird in der Mitte der Arena traditionell eine lebensgroße Krippe aufgestellt. Während mehrere Arbeiter am Werk sind, stehen oben an der Balustrade – gegenüber dem berühmtesten Kaffeehaus der Stadt, der *Bar Alvino* – Schaulustige, die jeden einzelnen Handgriff aufmerksam verfolgen. Wie *il presepe* wohl dieses Jahr wird? Die Christkindhütte ist schon fertig. Geschmückt wird sie mit echten Palmen und Kakteen und einem urwüchsigen Gemüsegarten: mit Fenchel, Mangold und Zichorie, dem Wintergemüse Apuliens. Einer in der Zuschauermenge muss der Chef sein. Er schreit ein paar Anweisungen nach unten. *No, no, no!* Das Dach sei viel zu flach. Was sagst du?, schreien die Arbeiter zurück. Einer legt die Hände an die Ohren: Da unten sei nichts zu verstehen. Wer soll das glauben? Die Arena, die bis zu 20 000 Zuschauer aufnehmen konnte, hat eine ausgezeichnete Akustik.

Im Dezember flaniert man zwischen den Häuschen eines schmucken Weihnachtsmarkts, auf dem fast ausschließlich Produkte des lokalen Handwerks angeboten werden: Statuetten aus Pappmaschee und Keramik. Für die Krippe oder einfach als Souvenir und Zimmerschmuck. Charakteristisch sind *le contadinelle salentine,* Statuetten kugelrunder, vollbusiger Bäuerinnen, die vage an die Figuren von Fernando Botero erinnern. Oder Gegenstände aus karamellfarben schimmerndem Olivenholz: Salatbesteck, Schneidebretter, Schöpfkellen, Schalen jeder Größe mit schönen rötlich braunen Maserungen.

Die Handwerkstradition ist rund um Lecce und im Salento sehr ausgeprägt und wird von der regionalen Regierung gezielt gefördert: mit Existenzgründungszuschüssen für junge Unternehmen oder Seminaren mit Handwerksmeistern, die zum Beispiel die Keramikherstellung oder das kunstvolle Flechten von Körben aus jungen Olivenzweigen weitergeben.

Die lokalen Traditionen dürfen nicht verloren gehen – so die Devise der Landesregierung. Und bevor industriell hergestellte Korbwaren den Markt überschwemmen, suchen junge Designer nach neuen Wegen. Traditionelle Techniken werden so mit modernen Linien und neuen Materialien belebt, sehr angesagt sind zum Beispiel Kleinmöbel aus Kakteenholz. Auch an Ostern und anderen Feiertagen werden die Verkaufsstände aufgebaut. Ohne Weihnachtsschmuck, aber mit dem gleichen Angebot und ähnlicher Dekoration: den großen, bunten Lichterketten, die man auch von katholischen Feiertagen kennt. Auch sie gehören zu einer wichtigen Handwerkstradition Apuliens.

So schlendert man über den Platz und ahnt nur, dass es unter der horizontalen noch eine vertikale Stadt gibt. An verschiedenen Stellen im Zentrum – zum Beispiel rund um die Piazza Duomo – wurde ausgegraben. Unter der römischen Schicht wurden sogar Reste von Hütten aus der Bronzezeit entdeckt. An der Piazzetta Sigismondo Castromediano unweit der Basilika Santa Croce kann man durch eine trübe, in den Boden eingelassene Glasscheibe uralte Trümmer aus messapischer Zeit (5. bis 4. Jahrh. v. Chr.) bestaunen: Neben einem Treppchen klärt eine Informationstafel darüber auf, dass sich in der Antike dort unten eine Ölzisterne befand. Im Zuge des archäologischen Projekts »Lecce sotterranea« (unterirdisches Lecce) ist auch unter der Piazza Vittorio Emanuele ein 3000 Quadratmeter großes Areal entdeckt worden, vermutlich die antiken Thermen. Mit einem Wort: Unter ganz Lecce (70 Hektar, das heißt 700 000 Quadratmeter) erstreckt sich die römische Stadt. Bisher konnten die Archäologen nur einen Bruchteil davon (ca. 1600 Quadratmeter) in Augenschein nehmen.

Eine Legende besagt, dass Lecce einst durch einen unterirdischen Gang mit dem nahe gelegenen Rudiae verbunden war. Gebaut haben soll den Tunnel ein messapischer König, damit im Falle eines Angriffs militärische Verstärkung geholt werden konnte, ohne dass die Besatzer es merkten. Das alles erzählt die älteste *Gebrauchsanweisung für den Salento*, verfasst von Antonio De Ferraris, genannt il Galateo (1444–1517), im Auftrag der spanischen Monarchen. Sie waren neu in Italien und kannten sich noch nicht aus. Für Altertumsforscher ist das Buch eine Fundgrube: Der Autor hält seine Kenntnisse und Eindrücke der südapulischen Landschaft fest und verbindet sie mit Informationen aus Werken antiker Autoren wie Plinius d. Ä. und

Strabon. So erfährt man, dass es neben Lupiae (Lecces antiker Name) auch Rudiae gab, den Geburtsort des Quintus Ennius (239–169 v. Chr.), des Vaters der römischen Poesie. Leider sind von Rudiae nur ein paar – nun ja: rudimentäre – Ruinen erhalten, ca. drei Kilometer von Lecce entfernt.

Allein diese wenigen Details deuten schon an, welch faszinierende Tiefen sich hinter der barocken Pracht von Lecce verbergen und wie lohnend ein Blick hinter die Fassaden ist.

Apulia Film Commission – Lecce Filmkulisse de luxe

Viele Italiener kennen Lecce vor allem aus dem Kino … Seit fünf bis sechs Jahren nimmt die Zahl der Filmproduktionen, die in Lecce und im Salento realisiert werden, ständig zu. Den großen Durchbruch schaffte der türkisch-italienische Regisseur Ferzan Özpetek (geb. 1953), der seit 2010 Ehrenbürger der Stadt ist. Özpetek, in Deutschland durch Filme wie *Hamam – Das türkische Bad* (2007) bekannt, drehte in Salentos Hauptstadt *Mine vaganti*, einen der größten italienischen Kinoerfolge der letzten Jahre. Die Komödie, die in Deutschland den zweifelhaften Titel *Männer al dente* trägt, erzählt in undramatischer Weise ein Familiendrama um zwei schwule Brüder. Einer will sich outen, aber der Ältere kommt ihm zuvor und wird von der konservativen, großbürgerlichen Familie verstoßen. In Italien wurde der Streifen mit Filmpreisen überhäuft. Seither werden Lecce und der Salento endlich als ein Teil Italiens wahrgenommen. Denn jahrhundertelang galt diese Gegend als *finis terrae,* als Ende der zivilisierten Welt. Man kannte von der Spitze Italiens nichts. Nur einige Künstler interessierten sich dafür. Zum Beispiel drehte Francesco Rosi im Palazzo Tafuri an Lecces Via Vittorio Emanuele II einen packenden Thriller: *Cadaveri eccellenti* (deutsch: *Die Macht und ihr Preis*, 1976), eine der besten italienischen Literaturverfilmungen – nach dem gleichnamigen Roman des sizilianischen Autor Leonardo Sciascia.

Lecces Wiedergeburt ist nicht zuletzt das Verdienst der Apulia Film Commission, die bei der Filmförderung überaus fleißig ist. Die Zahlen aus Wirtschaft und Tourismus bestätigen, dass das Kalkül aufgegangen ist. In den vergangenen vier Jahren sind mehr als 150 Filmproduktionen staatlich und regional subventioniert worden. Der Betrag würde vielleicht einen Hollywoodproduzenten nicht vom Hocker reißen: 2,8 Millionen Euro. Aber immerhin lockten die Förderungen mehrere italienische wie ausländische Filmproduktionen an, die ihrerseits ca. 11,4 Millionen Euro in Apulien ausgaben. Und der Betrag verdreifache sich, wenn man die Dienstleistungen berücksichtige, die von Filmteams vor Ort in Anspruch genommen worden seien, meint Antonella Gaeta, die Präsidentin der Apulia Film Commission.

Mittlerweile wimmelt es in Lecce und im Salento regelrecht von Kamerateams und Schauspielern. Einige italienische Besucher halten auf ihrem Gang durch den historischen Stadtkern Ausschau nach Bildern, die sie bereits auf der Kinoleinwand gesehen haben. Und insgeheim hofft man, den einen oder anderen Star live zu erblicken. Ohne dass ich es gesucht hätte, ist mir das auch einmal passiert. Mitten im Zentrum, zwischen Via Augusto Imperatore und Via degli Ammirati, bin ich einem distinguierten älteren

Herrn begegnet, der mir irgendwie bekannt vorkam; ich konnte mich nur nicht erinnern, wo ich ihn schon getroffen hatte. Vor allem seine gutherzigen, dunklen Augen hinter der randlosen Brille erinnerten mich an jemanden, den ich gut kenne. Er zog die Basketballmütze noch etwas tiefer in die Stirn, beschleunigte seinen Schritt und verschwand durch die Glastür eines Fünfsternehotels. »*È caccia a Richard Gere*«, las ich am nächsten Tag in den lokalen Boulevardzeitungen, Jagd auf den US-amerikanischen Filmstar. »Ob er auch bald eine Wohnung oder eine Villa erwerben wird?«, rätselte die Klatschpresse. Das »auch« bezog sich auf den französischen Kollegen Gérard Depardieu, der eine Wohnung im Herzen der Altstadt bezogen hat und seitdem mit einer Discokneipe auf Kriegsfuß steht. Der »Graf von Monte Christo« war eines Abends von der Movida so genervt, dass er ein paar Eimer kaltes Wasser über den Köpfen der lauten Kundschaft auskippte. Trotzdem kann er von Lecce offenbar nicht lassen. Seit 15 Jahren verbringt er seinen Urlaub an der Spitze Italiens.

Aber wie wir schon erfahren haben, ist es den Leccesern »scheißegal, wer kommt und wer geht«. Wie mag es übrigens Ferdinand IV., dem Bourbonenkönig, ergangen sein, als er die Stadt 1797 verließ? War er sauer auf die Aristokraten, hat er sich womöglich an ihnen gerächt? Was ging in seinem königlichen Kopf vor, als auf dem Rückweg nach Neapel die salentinische Landschaft an ihm vorbeizog? Davon ist nichts überliefert. Ich kann Ihnen aber voraussagen, wie es Ihnen ergehen wird, wenn Sie Lecce verlassen: Olivengärten, Weinreben und Mohnblumenfelder ziehen vorüber. Man seufzt melancholisch und denkt: Sobald ich wieder Urlaub habe, komme ich zurück!

Ein unscheinbarer Ort mitten im Salento

Non ti meravigliare, wundere dich nicht, dass Lecce so ist. Auch Elena versucht, mich zu trösten. Wie Beatrice und Franco wohnt sie im kleinen Nest Casarano, im südapulischen Binnenland, genau in der Mitte zwischen Gallipoli und Castro Marina. In Wahrheit brauche ich überhaupt keinen Trost, denn ich bin begeistert von Lecce. Trotzdem höre ich gern zu, wenn meine Freunde von ihrer Denkweise »in der Provinz« erzählen und sie gegen die Mentalität der Hauptstädter abheben, obwohl Casarano und Lecce nur 30, allerhöchstens 40 Kilometer trennen.

Im Geiste ziehen sie eine imaginäre Linie zwischen Otranto auf der Adriaseite und Gallipoli an der Ionischen See. Unterhalb dieser Linie, im südlichen Salento, behauptet Elena, seien die Menschen offener als in Lecce und »im Norden«.

Unter uns: Eigentlich wird man überall in Apulien äußerst freundlich empfangen. Gastfreundschaft ist hier ein natürlicher Reflex – wie das Ein- und Ausatmen. Mich nahm man zu Mittag- und Abendessen mit, zeigte mir grandiose Sehenswürdigkeiten und geheime Buchten vom Gargano bis zu Gallipoli. Und wenn einer sich nicht sicher war, rief er bei Freunden an, die wiederum weitere Freunde nannten, die mir mit Tipps weiterhalfen. Aber so viel Großzügigkeit wie im Salento habe ich selten erlebt. Beatrice, Franco, Elena und Vito machten mich nicht nur mit *pasticciotto* (einem Petit Four aus Mürbeteig und Eiercreme) und *sagne torte* (die kurzen gewellten Bandnudel gehören zur Sonntagstafel) bekannt, ich bekam vor allem aufrichtige Freundschaft und Zuneigung zu spüren: Nach einem Tag schon gehörte ich zur Familie.

Elena lernte ich bei der Recherche für dieses Buch kennen. Ich interessierte mich für die Gold- und Silbermünzen, die sie entwirft und – auch mit Unterstützung ihres Ehemannes Vito – in ihrer Firma herstellt. Tatsächlich hat sie mir schon nach unserer ersten Begegnung eines dieser kostbaren Stücke in die Hand gedrückt. Jetzt liegt es in einer roten Samtschachtel auf meinem Regal. Auf einer Seite zeigt es den Umriss des Salento. »SALLENTUM FELIX« steht darauf. Auf der anderen Seite prangt ein Füllhorn, voll mit den Früchten der salentinischen Erde. Und daneben hockt die *capra amaltea*, die Ziege, die in der griechischen Mythologie den Säugling Zeus stillte. Beides sind Symbole der *Japygia*, des Landes der *Japygier*, die sich im 1. Jahrhundert v. Chr., aus dem Balkan kommend, in Apulien ansiedelten (schon wieder lässt der Osten grüßen). Angeblich werden seit dieser Zeit im Salento Ziegen gezüchtet. Nur robuste Tiere wie sie können auf den steinigen Erdschollen dieser Gegend herumkraxeln, ohne ständig umzuknicken. Und anders als die Kühe, die vor allem im nördlichen Apulien und in der Basilikata gezüchtet werden, begnügen sich Ziegen auch mit harten Gräsern und Kaktusfeigen, die es hier zuhauf gibt.

Elenas Heimatstadt Casarano ist einer jener unscheinbaren Orte, derentwegen niemand von der Landstraße abbiegen würde. Tatsächlich führt auch keine wichtige Straße in die Kleinstadt. Die Sonnenhungrigen zieht es zu den kilometerlangen Sandstränden nördlich von Otranto oder an die Laghi Alimini – eine große Lagune mit Salzwasser und einem kleineren Binnensee –; Barockbegeisterte gehen nach Nardò, dessen Kirchen und Palazzi denen in Lecce in nichts nachstehen; die Archäologiefans bevorzugen Ugento und Taranto; andere bewundern die Klippen bei Castro Marina und die Ferienvillen aus dem 19. Jahrhundert in Santa Cesarea; Kunsthistoriker und Kulturinteressierte lassen sich die Basilika Santa Caterina in Galatina nicht entgehen. Hier malten im 14. Jahrhundert Giottos Schüler Geschichten aus der Bibel und der Apokalypse: von Adam und Eva im Garten Eden bis zu den sieben heiligen Sakramenten. Das alles findet sich in jedem Reiseführer und wird auch auf der Website der Region hochgepriesen. Casarano beziehungsweise Casaranello aber kennt kaum einer.

Ich persönlich komme immer wieder gern hierher, genieße es, an einem ruhigen Flecken zu sein, abseits vom Trubel der Großstadt und der überlaufenen, touristischen Orte. Aber die Problematik dieses Städtchens ist nicht zu übersehen. 20 000 Einwohner, Tendenz fallend. Junge Leute ziehen weg, sobald sich eine Gelegenheit bietet: In ihrer Geburtsstadt finden sie keine Arbeit. In den Siebziger- und Achtzigerjahren erlebte Casarano eine massive Bauspekulation, jetzt stehen viele dieser Zementschachteln leer und bröckeln vor sich hin. Das historische Zentrum ist hübsch, hat ansehnliche, großbürgerliche Bauten. Im Erdgeschoss des Palazzo D'Aquino (17. Jahrhundert), wo man ein gediegenes Kaffeehaus erwarten würde, sind jedoch ein Druckerpatronenladen und ein Schnellimbiss eingezogen.

U casteddhu, wie der Bau im salentinischen Dialekt genannt wird, ist schon kurz nach seiner Fertigstellung von den Edelleuten d'Aquino verlassen worden; sie zogen lieber nach Neapel. Schon damals gingen die Leute von hier weg. Der riesige Ballsaal und der Balkon des Palazzo blieben unvollendet. Die Legende erzählt, dass Dämonen die 53 potthässlichen Gesichter in nur einer Nacht in die aus der Fassade ragenden Balken geschnitzt haben. Aber als die Sonne aufging, mussten die Geister zurück in ihre Schattenwelt – und der Balkon wurde nie fertiggestellt. Wirkt der Fluch noch heute? Viele, sehr viele, zu viele wandern aus. Ein leider weitverbreitetes Problem in Süditalien. Das Institut für wirtschaftliche Entwicklung im Mezzogiorno (SVIMEZ) hat im letzten Jahresbericht alarmierende Zahlen veröffentlicht. 2017 haben genauso viele Menschen Süditalien verlassen wie im Rekordjahr 1977. Ca. 14 Prozent der süditalienischen Familien haben ein Monatseinkommen von weniger als 1000 Euro, während sich das Bruttoinlandsprodukt von Kampanien bis Sizilien seit fünf Jahren im freien Fall befindet. Was die Zahl der Auswanderer betrifft, rangiert Apulien in Italien an dritter Stelle. Ca. 20 000 Menschen verlassen jährlich ihre Region, gehen ins Ausland oder nach Norditalien. Und 21 Prozent von ihnen sind Hochschulabsolventen, viele sogar mit Promotion.

In der Wahrnehmung meiner Freunde sind es sogar noch mehr, die gehen: »Einer von zweien«, sagen sie. Als ich mich zum Beispiel auf dem Obst- und Gemüsemarkt mit meinem Mann auf Deutsch unterhalte, mischt sich plötzlich der Verkäufer ein und fragt: »*Di dove siete?* Wo kommen Sie her?« Der stämmige junge Mann um die dreißig mit dem kupferroten Haar entspricht auch nicht gerade dem Klischee des Süditalieners. *Ah, tedeschi!* Er wird sofort verbindlich.

»Ich bin dort geboren!«, ruft er mit leicht badischem Akzent aus. Er sei zwar zurückgekommen, aber seine Mutter und seine Schwester lebten nach wie vor in Deutschland, und zwei Kusinen seien nach Brüssel gezogen. Dort regne es ja viel, aber man verdiene auch viel Geld. So könnten seine Verwandten sich die Ferien im Salento leisten. Viele hätten sich sogar ein eigenes Ferienhaus gebaut. »Und was verschlägt Sie nach Casarano?«

Ja, was?

Ausgerechnet an diesem Ort, der von den Touristen übersehen und von einem Teil der Einheimischen verlassen wird, befindet sich ein Juwel der italienischen Kunstgeschichte: die Chiesa Santa Maria della Croce, einer der ältesten Andachtsorte der Christenheit, gebaut zwischen 431 und 450. Hätten Beatrice und Franco mich nicht dorthin begleitet, wäre das geschichtsträchtige Denkmal auch mir entgangen, so bescheiden und schmucklos mutet die Vorderseite aus hellbraunem Klinker an. Sicher fahren die meisten daran vorbei, ohne auch nur wahrzunehmen, dass es sich um eine Kirche handelt. Schon gar nicht lässt sich erahnen, dass hinter dem einfachen, rechteckigen Holzportal herausragende Mosaiken aus byzantinischer Zeit darauf warten, bewundert zu werden.

Hier ein vergessener O-Ton aus dem Jahr 1903: »Die Kirche in Casaranello ist ein Denkmal der größten Bedeutung für die Kunstgeschichte … In der Mitte der Kuppel ist ein lateinisches gelbes Kreuz aus Mosaiken …, es liegt auf einem meeresgrünen Hintergrund. Ein weiterer Kreis im dunkleren Azurblau umsäumt diese Fläche. Die ganze Kuppel ist voller sechszackiger Sterne ... Blumenornamente und Friese sollen Perlen und Edelsteine nachahmen.« Die Beschreibung stammt aus der Feder des Kunsthistorikers Arthur Haseloff (1872–1955), der Anfang des 20. Jahrhunderts im Auftrag des Preußischen Historischen Instituts antike Bauten in Apulien und der Basilikata erforschte. In Begleitung seines Schweizer Kollegen Martin Wackernagel, auf einem Maulesel reitend und mit Fotokamera, Feder und Zeichenpapier ausgerüstet, dokumentierte Haseloff akribisch die Eigenschaften von Festungen und Kastellen aus der Zeit des Stauferkaisers Friedrich II. (1194–1250).

Hierzu ein Lesetipp: *Das Sandkorn* des Münchner Autors Christoph Poschenrieder (2014). Casaranello kommt in dem Roman zwar nicht vor, aber die schönen *città fridiriciane*, die von Friedrich heiß geliebten Städte wie Andria, Lucera oder Barletta bilden die Kulisse einer spannenden Dreiecksgeschichte zwischen Berlin, Rom und Apulien. Die Figuren hätten mit den realen Personen Haseloff und Wackernagel kaum Gemeinsamkeiten, so Poschenrieder, aber das Buch entführt den Leser doch in ein fernes, faszinierendes Unteritalien, wo Großgrundbesitzer und Bauern in einer zeitlosen Dimension leben.

Zurück zu der uralten azurblauen Kuppel mit den sechszackigen Sternen. Zu frühchristlichen Zeiten war die Anbetung der Heiligen Jungfrau umstritten, erklärt mir Franco. Man wollte sich deutlich von heidnischen Kulten abgrenzen. Deswegen wählten die Künstler auch in Casaranello das tiefblaue Sternengewölbe als Metapher für die Grazie der Gottesmutter. Es soll die älteste erhaltene Darstellung des Firmaments nach orientalischem Muster sein. Wir sind heute kaum noch in der Lage, die Bildsprache der Mosaiken zu entziffern: den Regenbogen, der die Kuppel umrundet, den erschrocken dreinschauenden Fisch und die beiden Enten – eine grüne und eine azurblaue.

Auch die Entstehung der Kirche liegt im Dunkeln. Es gibt verschiedene Theorien dazu: 1.) Sie wurde von denselben Künstlern erbaut, die in Ravenna das Mausoleum der Kaisertochter Galla Placidia (390–450) schufen; 2.) die Schöpfer kamen aus Syrien; diese These vertritt auch Haseloff; 3.) die Basilianer, die unweit der Kirche einen großflächigen Olivengarten angelegt und ein heute nicht mehr existierendes Kloster errichtet hatten, haben den Bau der Kirche initiiert. – Wie auch immer: Die Mosaiken sind wunderschön, und die kleine Basilika der Santa Croce verdient endlich eine angemessene Würdigung.

Normalerweise ist das Holzportal geschlossen, und man gelangt durch eine kleine Tür auf der linken Seite ins Kircheninnere. Sobald man über die Schwelle tritt, spürt man eine vage Präsenz. Jemand beobachtet uns. Eine auf einen der Pfeiler gemalte weibliche Figur heftet den Blick ihrer rabenschwarzen Augen auf uns. Das Gesicht der Santa Barbara hat etwas Hypnotisches. Das ist kein römisches oder italienisches Gesicht. Dieses Antlitz stammt aus Griechenland oder Kleinasien, mir fallen die mit dunklem Kajal geschminkten Augen einer Maria Callas oder einer Irene Papas ein. In ihrer hieratischen Haltung flößt die Figur Respekt und Furcht zugleich ein. Die Heilige aus dem kleinasiatischen Nikomedia (heute İzmit am Marmarameer) hat den Ausdruck einer apulischen *macera*, einer Hexe und Zauberin. Fast will man sich vor ihr verbeugen. Zum Dank dafür, dass sie uns die Augen geöffnet hat.

Über die Jahrhunderte hinweg war der Salento Dreh- und Angelpunkt der Wege zwischen Ost und West, das

Land zwischen zwei Meeren (*salum* bedeutet im Lateinischen »See«). Im dritten Jahrtausend, in dem wir uns mehr für das Festhalten des Gesehenen (mit Fotokamera oder Handy) interessieren als für das Sehen an sich, kann man im schmucklosen Casaranello eine Fähigkeit reaktivieren, die in irgendwelchen Mäandern des Gehirns schlummert: durch bloßes Sehen die Zeichen der Landschaft zu entziffern. Die Beschaffenheit von Grund und Boden erzählt Geschichte, ohne dass man ein Buch aufschlagen muss. Unweit der Kirche befindet sich noch ein überwucherter Olivengarten. Franco zeigt mir, wie sich die Olivenrinde windet. Ein Zeichen dafür, dass diese Bäume schon ein ganzes Jahrtausend gesehen haben.

Non ti meravigliare, wundere dich nicht, wenn ich dir diesen Ort empfehle und wenn du hier anfängst, Süditalien mit eigenen Augen zu sehen.

Taranta mit Herz

Deu ti mussicau la tarantella?
Sotto la pudie della vanella
Wo hat dich das Tarantelchen gebissen?
Unter des Röckchens Säumen …

»Neue Toskana«, »italienische Karibik« – der Salento wird heute als neues Urlaubsparadies gehandelt, ein »Geheimtipp« wegen seiner lieblichen Landschaft und der traumhaften Sandstrände bei Marina di Pescoluse oder Porto Selvaggio.

In den Fünfzigerjahren aber war es noch ganz anders. Damals war der Landstrich an der Südspitze Italiens vor allem Forschungsobjekt der Wissenschaft. Scharenweise untersuchten Anthropologen das Phänomen des Tarantelbisses, der angeblich Krankheit und Depression verursachte. Um einen Eindruck vom Salento der Nachkriegsjahre zu gewinnen, empfehle ich den Film *La terra del rimorso* aus dem Jahr 1961, der im Internet abrufbar ist. *Rimorso* bedeutet »Gewissensbiss«. Wörtlich genommen, heißt *ri-morso*: wieder gebissen. Will sagen: Die Tarantel lässt dich nicht los.

Schon bei den ersten Worten der Stimme aus dem Off wird man selbst depressiv: »Das ist Apulien, und das ist die Gegend des Salento. Zerschlagen von der Sonne und der Isolation. Geizig ist der Himmel, er gibt kein Wasser. In der Hitze lauert die Spinne des Wahnsinns und der Leere, schleicht sich in zärtliche Naturen, die nur die Arbeit auf der trockenen Erde kennen.« Der Dichter und Nobelpreisträger Salvatore Quasimodo (1901–1968) schrieb den Text. Regisseur Gian Carlo Mingozzi begleitete Ernesto De Martino, *die* Koryphäe der italienischen Völkerkunde, während einer Forschungsreise in den Salento und drehte diese beeindruckende Schwarz-Weiß-Dokumentation.

Der Film aus der Blütezeit des italienischen Neorealismus zeigt ein unglaublich ärmliches Italien. Seither sind nur 60 Jahre vergangen, doch die Menschen in diesem Film scheinen im Mittelalter zu leben. Vor dem Eingang eines heruntergekommenen Hauses drängen sich mehrere Leute. Ihre Gesichter sind sonnenverbrannt. In der Mitte des Zimmers, in das sie spähen, liegt eine Frau im weißen Nachthemd bäuchlings auf dem Boden. Musikanten treten heran, einer spielt Geige (im Film erfährt man, dass er kein professioneller Musiker ist, sondern Barbier), ein Zweiter eine Ziehharmonika, ein Dritter das Tamburin. Die Musik – nervös, lebendig, mitreißend – setzt ein, und die Frau bewegt sich zunächst langsam, dann immer rhythmischer hin und her wie eine Schlange. *La pizzica taranta*, die Fünftaktmusik – wird drängender; ein unwiderstehlicher, lebendiger und fröhlicher Rhythmus. Aber wir sind im Jahr 1961, und die Musikanten sind hier, um die Frau vom Biss der Tarantel zu heilen. Die Zeremonie kann Stunden und Tage dauern. Auf einem Strohschemel sitzt ein kleines Kind und hält ein Bild des heiligen Paulus im Schoß. Paulus trotzte auf Malta dem Biss einer Giftschlange und gilt seither in der bäuerlichen Religiosität als Schutzheiliger vor jeglichem giftigen Getier. Die Kranke setzt sich vor das Kind und verhandelt mit dem Heiligen über ihre Genesung, doch er antwortet nicht. Die Frau wird sauer, ohrfeigt das Bild und bewegt dann die Beine wieder im hypnotischen Rhythmus der Musik.

Die Musiker schauen einander bedeutungsvoll an: Wird die von der Tarantel Gestochene heute noch geheilt, oder muss man alles auf morgen verschieben? Der heilige Paulus hat feste Zeiten wie der Gottesdienst. Geheilt wird von zwölf bis eins und am Nachmittag noch mal um 17 Uhr. Sonst Wiedervorlage am nächsten Tag. Und je länger die Musiker spielen, desto mehr verdienen sie.

Der Ursprung des Taranteltanzes verliert sich in der Nacht der Zeiten. Seit der Antike wird der unbezähmte Tanz mit Figuren aus der Mythologie in Verbindung gebracht, mit Nymphen und Mänaden, vor allem mit dem Dionysoskult. Dionysos – einerseits unschuldiger, spielerischer Gott des Weines und der Fruchtbarkeit, auch Bacchus genannt, andererseits flatterhafte, bösartige Gottheit, die ihr Unwesen unter der Erde treibt und nachts zuschlägt. Vor ihr muss man sich hüten. Und Apulien, die Basilikata und Kalabrien waren die Lieblingsorte des Dionysos. Der griechische Mythos erzählt auch, dass Zeus und die Titanen einander – nun ja: spinnefeind waren. Als der oberste olympische Gott die Riesen besiegte, entstanden aus ihrem Blut zahllose gefährliche Tiere, unter anderem die Giftspinne, die Tarantel. Seither wird sie für alles verantwortlich gemacht, was den Menschen seltsam vorkommt.

In der Renaissance beschrieb Leonardo Da Vinci (1452–1519) die Merkmale der »Krankheit« so: Der Gestochene bleibt wie versteinert in der Stimmung, in der er war, als die Tarantel ihn gebissen hat. War er besorgt, will er jetzt ausschließlich melancholische Lieder hören. Hat er an die sinnliche Liebe gedacht, neigt er nun zu laszivem Verhalten. Aber wohin sticht oder beißt die Spinne? Auch das erklärt Leonardo: normalerweise in die Hand, in den Fuß oder, wie die Verszeilen der *tarantella* am Kapitelanfang andeuten, vor allem in den Intimbereich. Anfang des 18. Jahrhunderts beschrieb der irische Theologe George Berkeley (1685–1753), nach dem die berühmte Universitätsstadt in Kalifornien benannt wurde, den Aberglauben der Taranta. Später beobachtete der englische Autor Henry Swinburne (1743–1803) tanzende Frauen in Brindisi und behauptete, der Biss der Spinne sei bloß ein Vorwand, in Wahrheit würden die Frauen unter dem Deckmantel der Religiosität verbotene Kulte pflegen, ohne eine Strafe zu riskieren.

Erst vor 60 Jahren räumte der Anthropologe Ernesto De Martino in seiner Abhandlung *La terra del rimorso (Das Land des Gewissensbisses)* damit auf: Weder sei der Tarantismus eine organische Krankheit, noch gebe es einen kausalen Zusammenhang zwischen den Symptomen und dem Biss einer Spinne. »Der Biss der Tarantel ist Symbol der verdrängten Vergangenheit, die plötzlich hochgewürgt wird und durch den Tanz nach außen treten will.« De Martino hat folgende Geschichte aus dem Jahr 1960 festgehalten: Maria verlor mit gerade einmal 13 Jahren ihren Vater. Mit der Mutter verstand sie sich nicht. Zunächst wuchs sie bei einem Onkel auf, dann wurde sie zu weiter entfernten Verwandten abgeschoben. Mit 18 verliebte sie sich in einen jungen Mann, der sich aber nach dem ersten Liebesglück von ihr trennte, weil ihre Familie mittellos war. Ein infernalisches Duo trat in ihr Leben: eine Mutter und deren halbbehinderter, arbeitsloser Sohn, der Maria unbedingt wollte. Der heilige Paulus erschien ihr und warnte: »Heirate nicht!« Aber Maria war naiv. Sie ließ sich überreden und zog mit dem Jungen zusammen. Daraufhin wurde *San Paolo* eifersüchtig. Er ließ sie von der Tarantel beißen und schloss mit ihr einen Pakt. Jedes Jahr – immer am Tag des ersten Tarantelbisses – würde er sie holen und für ihre Untreue bestrafen. Das Gift der Spinne würde sie zu endlosem Tanzen zwingen.

Heute würde man das Ganze ungefähr so formulieren: Die Patientin schafft es nicht, ein Trauma aus eigener Kraft zu verarbeiten. Nur dank der Religion und des Tanzes konnte Maria damals genesen. Enttäuschung angesichts der unerfüllten Liebe und Aggressionen gegen den verhassten Ehemann flossen gleichermaßen in die rhythmische Bewegung ein. Die mittellosen apulischen Bauern hatten von Freud zwar noch nie etwas gehört, aber sie wussten instinktiv, dass die Urszene wiederholt werden muss. De Martino: »Damit die Tarantel stirbt, muss man selber zur Spinne werden (...), mit der Spinne tanzen (...) in einem dramatischen, unwiderstehlichen Crescendo, bis sie müde ist und mit dem bloßen Fuß unter dem fiebrigen Rhythmus der Tarantella zerquetscht wird.« Nach dem Tanz berichteten einige Kranke, sie könnten sich an nichts erinnern, sie hätten das Zeitgefühl verloren. Aber der Exorzismus funktionierte: Unerwartet erschien ihnen der heilige Paulus und verkündete im salentinischen Dialekt: »*Ti faccio la grazia,* du bist begnadigt!«, will sagen: geheilt. War die Taranta auch verhasst, so gaben ihr die Leute doch oft einen eigenen Namen. Einer nannte sie Rosina. Ein anderer Peppina oder Signora Caterina. Oder ganz einfach *Signora Tarantola.*

Heute lebt der volkstümliche Tarantelaberglaube nur im Logo des Musikfestivals *Notte della Taranta* weiter, das eine Spinne mit rotem Herz unter Sichelmond zeigt. Die *Nacht der Tarantel* ist das wichtigste Kulturereignis des süditalienischen Sommers. In verschiedenen Städtchen des Salento wird zu Livemusik die *pizzica* getanzt, den ganzen August lang. Den Höhepunkt bildet das *concertone:* die lange Nacht der Musik unter freiem Himmel. Italienische wie internationale Bands ziehen dabei ca. 300 000 Besucher in ihren Bann. Gemeinsam ist allen, dass sie folkloristische, regionale Klänge mit Popmusik mischen. Nicht zufällig machte 2014 Goran Bregovic, der Musiker aus dem Balkan, den Auftakt.

Es gibt noch eine Geschichte über den Aberglauben im Salento, die einen erschauern lässt: In Galatina war man fest davon überzeugt, dass das Brunnenwasser in der Kirche des heiligen Paulus die Kranken heilen könne. Sie wuschen sich damit das Gesicht und tranken ausgiebig davon. Hätten sie sich über den Rand des Brunnens gebeugt, dann hätten sie am tiefen Grund Schlangen und Skorpione ausgemacht. Aber ohne auch nur eine Sekunde nachzudenken, nahmen sie das Wasser zu sich. Und wenn sie sich später erbrechen mussten, war dies für sie ein Zeichen ihrer Genesung. Eines Tages aber fanden die Gläubigen den Brunnen durch eine Holzplatte gesperrt. Der ungläubige Bürgermeister hatte diese Hygienemaßnahme getroffen: »Seuchengefahr«. Das 20. Jahrhundert hatte Einzug gehalten.

Zur Erinnerung an die Legende finden am 28. und 29. Juni auch in Galatina Prozessionen und Tanzdarbietungen mit den *tarantate* statt. Die Tanzperformances sind als lokale Folklore fester Bestandteil des Kulturprogramms. Am Ende kommen die Touristen.

Also, was bleibt? Sicherlich der Moment der Hingabe. Wenn man sich nach einer Sommeraffäre sehnt, während der Nacht der Taranta hier in Galatina oder Melpignano hat man gute Aussichten, dass ein hübscher Süßer einen Blick unter des Röckchens Säume wirft. Ansonsten muss man sich im modernen Salento höchstens vor Mückenstichen hüten.

An einem Sommernachmittag glaube ich einmal selbst, die Tarantel beißen zu sehen. Ganz ohne Folklore und Romantik: Kein Windhauch bewegt die Blätter der Olivenbäume, die Hitze ist unerträglich und die Landschaft in absolute Stille getaucht. Wir fahren von Nardò in Richtung Ionisches Meer. Ab und an sehe ich einen scheinbar verlassenen Sonnenschirm am Straßenrand. Daneben einen ausrangierten Plastikstuhl. Ein rudimentärer Verkaufsstand, an dem jedoch weder Obst noch Gemüse angeboten wird. Eine einsame Frau raucht eine Zigarette und hat die Straße fest im Blick. Ihre Augen fokussieren jedes vorbeifahrende Auto. Wie alt mag sie sein? 16? 17? 20? Ihr Blick ist viel älter … Sie trägt ein enges Höschen und ein winziges Bikinioberteil. Ihr Haar ist blond oder blond gemacht. Osteuropa? Sie wirft den Zigarettenstummel auf den Boden und lehnt ihren gebräunten Körper an die Leitplanke. Die Sonne steht im Zenit, und die Hitze ist noch stärker als gestern und vorgestern. Sogar die spärlichen Pinienbäume sehen erschöpft aus. Ein Auto bleibt stehen, ein Seitenfenster wird heruntergelassen.

Umweltsünden und Karwoche in Taranto

In einer dunklen Nische der San-Domenico-Basilika wartet sie das ganze Jahr: die Statue der *Mater Dolorosa*. Vom Weitem könnte man sie fast für eine Nonne halten: Schwarz ist das Gewand und schwarz das Kopftuch, das glockenartig über die Schulter fällt. Ihr erschrockenes Puppengesicht aus Pappmaschee schaut ziellos ins Leere, vorbei an den vielen glimmenden Kerzen und Lämpchen. In einer Hand hält sie ein spitzenbesetztes Tüchlein, in der anderen ein kleines rotes Herz, das von einem Schwert durchbohrt ist. Am Gründonnerstag Punkt Mitternacht gehen die Scheinwerfer an, und alle Augen richten sich auf sie. Die längste Prozession des Jahres beginnt: *Una mamma cerca il figlio,* eine Mutter sucht den Sohn, den Gottessohn. Und sie wird ihn tot auffinden. Bis dahin werden viele, viele Stunden vergehen bei einem der spektakulärsten Umzüge Süditaliens: drei Prozessionen, zwei Madonnenstatuen, sieben Standbilder Jesu Christi, Hunderte Büßer, Geistliche und Ministranten. Und das alles gut 36 Stunden lang.

In ganz Süditalien finden in der Karwoche Prozessionen und Nachinszenierungen von Christi Leidensweg statt. Aber keine ist so herzzerreißend wie die in der Provinzhauptstadt Taranto oder Tarent.

Taranto ist die am stärksten verschmutze Stadt Westeuropas. Militär sowie Stahl- und Erdgasindustrie haben die Umwelt zugrunde gerichtet, und Taranto stirbt eines langsamen, vielleicht nicht mehr aufzuhaltenden Todes. Während der Rituale der Karwoche, die von Tausenden auch jungen Leuten verfolgt werden, hat man das Gefühl, dass hier nicht der Gekreuzigte, sondern diese dahinsiechende Stadt beweint wird. Durchstreift man das morbid-verfallene *centro storico*, hat man Mühe, sich vorzustellen, dass Taranto in der Antike als der schönste und reichste Ort Süditaliens gepriesen wurde. Plinius etwa schwärmte von den Wasserquellen. Einziges Überbleibsel der vergangenen glorreichen Ära sind die imposanten dorischen Säulen unweit der Drehbrücke, die den antiken Teil der Stadt mit dem modernen verbindet. Der Name der Stadt kommt übrigens nicht von Tarantel, sondern von Taras, dem Sohn des Poseidon, der 1200 Jahre vor der Gründung Roms den Grundstein für Tarent gelegt haben soll.

Auch für mich war diese Stadt einst ein mythischer Ort. Dort hatten sich sagenumwobene Familienereignisse zugetragen, die ich leider verpasst hatte, weil ich noch nicht geboren war. Großvater Antonio, der – wie schon erwähnt – Meeresfrüchte besonders liebte, ließ sich Miesmuscheln von hier bis nach Neapel liefern. Die *cozza tarantina* war seit der Antike in ganz Italien als Delikatesse berühmt. Taranto wird buchstäblich von zwei Meerbusen genährt: dem *Mar Grande* oder Golf von Tarent und dem *Mar Piccolo,* einer Lagune, in der Süß- und Salzwasser sich vermischen. Aufgrund dieser besonders günstigen Bedingungen wuchsen seit dem 6. Jahrhundert v. Chr. die besten Muscheln Italiens. Nicht nur Mies- und Venusmuscheln, sondern auch Austern und *tartufi di mare,* Meerestrüffel, die man in Deutschland »Raue Venusmuscheln« nennt. Davon schwärmte auch mein Onkel Franco, der in den Fünfzigerjahren in der »Stadt der zwei Meere« seinen Militärdienst als Matrose absolviert hatte. Während dieser Zeit hatte er an Bord des Schiffes *Amerigo Vespucci* sogar als Komparse in einem Abenteuerfilm mitgespielt. Ein Schwarz-Weiß-Foto zeigt ihn im türkisch anmutenden Kostüm mit bestickter Weste und Fez.

Taranto war für mich Synonym für Freiheit und Schönheit. Ich konnte nicht ahnen, dass gerade jene Zeit, in der Süditalien nach dem Zweiten Weltkrieg langsam wieder erblühte und die Menschen voller Hoffnung ihrer Zukunft entgegensahen, in Wahrheit der Anfang von Tarantos Ende war. Ausgerechnet die italienische Marine sprach das Todesurteil über diese Stadt. Seit dem Ende des 19. Jahrhunderts ist Taranto Italiens wichtigster Marinestützpunkt mit Schiffswerft und eigenem Arsenal. 2005 wurde eine hochmoderne U-Boot-Schule eingeweiht, und im Zuge des arabischen Frühlings ist der Hafen zur strategischen Basis für NATO-Einsätze geworden. Ist das Militär deswegen unantastbar? *Il muraglione*, die sechs Meter hohe und vier Kilometer lange Mauer, die das Arsenal von der Stadt trennt, ist ein drastisches Sinnbild dafür. Obwohl auf der Hand liegt, dass die Docks der Marine die unvorstellbare Verschmutzung der Lagune mitverursachen, wird das in Italien von niemandem thematisiert. Glaubt man Medienberichten und den Verlautbarungen von Bürgerinitiativen, gehen die Umweltschäden auf das Konto des petrochemischen Konzerns ENI, vor allem aber auf das des Stahlproduzenten ILVA.

Als ich jetzt zum ersten Mal nach Taranto komme, glänzt das Meer zwar immer noch azurblau, aber die Wellen tragen hochgiftige Substanzen wie Dioxin in sich. In der Luft schwebt krebserregender Feinstaub. Atemwegserkrankungen gehören zum Alltag der Bürger dieser Stadt. Betroffen sind vor allem die Einwohner – überwiegend Fabrikarbeiter – im Viertel Tamburi, direkt neben dem Gelände des Stahlkonzerns ILVA. Die Häuser in diesem Stadtteil wurden rosafarben gestrichen, damit der rötliche Feinstaub aus Schwermetallen nicht auffällt. Trotzdem ist er kaum zu übersehen. Schon am Autobahnkreuz von Taranto schimmert die Fahrbahnmarkierung rötlich unter der dünnen Staubschicht. Ca. 700 Tonnen Giftstaub blasen die Schornsteine der ILVA jährlich in die Luft.

Bis in die Neunzigerjahre hieß die Stahlindustrie *Italsider* und gehörte dem italienischen Staat. 1994 wurde sie kurz vor dem Bankrott privatisiert, das heißt vom Kartell ILVA gekauft, einem der zehn größten Stahlproduzenten weltweit. (In der Stahlproduktion rangiert Italien innerhalb Europas auf Platz zwei hinter Deutschland.) Für die Modernisierung der Anlage und den Bau neuer Hochöfen flossen Mittel von der EU und vom italienischen Staat. Damit sollte das Stahlwerk den Erfordernissen des Umweltschutzes angepasst werden. »Alles Makulatur«, schreibt die Journalistin Cristina Zagaria von der Tageszeitung *La Repubblica.* Trotz staatlicher Förderungen sei der Betrieb quasi der alte geblieben. Nur die Produktion sei immens gesteigert worden. So seien zwei Tarantos entstanden: *La città degli uomini* und *la città dell'acciaio,* schreibt Zagaria in ihrem Buch *Veleno* (Gift, 2012). Einerseits die Stadt der Menschen, andererseits »die Stadt aus Stahl mit einer Fläche von 15 Quadratkilometern, 200 Kilometer Gleisnetz, 50 Kilometer Straßen, 36 Anlagen, fünf Hochöfen und 256 Schornsteinen, einer davon der höchste Europas – E312 genannt«.

Mit der Produktion stieg auch die Zahl der Lungenkrebs- und Leukämieerkrankungen unter den Einwohnern rasant. Aber fiel ein Arbeiter aus, bot die ILVA eine Entschädigung. Die Eignerfamilie Riva stellte sich gern als großzügige, treu sorgende Unternehmer dar. Die Kranken durften zu Hause bleiben, die frei gewordene Stelle wurde meist einem Sohn der Familie angeboten. Doch einige zogen vor Gericht und klagten gegen die Verpestung der Umwelt. 2007 wurde ILVA in erster Instanz für schuldig befunden.

Aber was hat sich seitdem verändert? Während die nationalen Tageszeitungen immer wieder über tragische Unfälle auf dem Fabrikgelände und hohe Krebsraten berichteten, genehmigte das italienische Umweltministerium – unter der Regierung von Ministerpräsident Berlusconi – die erneute Steigerung der Stahlproduktion. Und während Umweltaktivisten den Protest auf den Straßen organisierten, demonstrierten die ILVA-Mitarbeiter und forderten von der Politik den Schutz ihrer Arbeitsplätze. Einige stiegen sogar auf den höchsten Schlot und traten in Hungerstreik. Nach einer Unterschriftensammlung der Bürgerinitiative »Taranto futura« wurden alle Tarantiner zu einer Volksabstimmung darüber aufgerufen, ob ILVA, oder zumindest Teile davon, geschlossen werden sollte. Das Referendum war ein Flop. Nur 20 Prozent Bevölkerung beteiligten sich daran.

Wie ist das möglich, frage ich entrüstet Gerhard Hempel, der vor 20 Jahren als Archäologe nach Taranto kam und hier mit seiner italienischen Frau und den Kindern lebt. Ein sarkastisches Lächeln huscht über seine Lippen und weicht sogleich einer resignierten Miene. 15 000 Menschen arbeiten bei ILVA. Wer will schon seinen Job verlieren? »Man arrangiert sich«, sagt er: »Man versucht zum Beispiel, so weit wie möglich vom Fabrikgelände entfernt zu wohnen, und kauft Obst und Gemüse, das aus nicht verseuchten Orten Apuliens stammt.«

Indes geht der Kampf verschiedener Umweltaktivisten weiter. Daniela Spera – sie gilt als die Erin Brokovich Italiens – hat den Verein »Legamijonici« (Verbindungen am Ionischen Meer) gegründet und zusammen mit weiteren Bürgerinitiativen das Schlachtfeld von Taranto nach Brüssel verlegt. Eine Klage beim Europäischen Gerichtshof wurde eingereicht. Gleichzeitig hat die EU-Kommission die italienische Regierung zweimal abgemahnt: Sie soll endlich gegen die Verpestung der Umwelt vorgehen. Während ich diese Zeilen schreibe, läuft ein Mammutprozess gegen die Inhaberfamilie Riva und 49 weitere Angeklagte, darunter auch angeblich mitverantwortliche hochrangige Politiker aus der Landesregierung. Ein Vermögen im Wert von ca. 1,2 Milliarden Euro, das die Rivas auf Schweizer Konten gehortet hatten, ist von den Richtern beschlagnahmt worden. Es soll für die ökologische Sanierung verwendet werden. Unter den 500 Nebenklägern sind nicht nur die unmittelbaren Opfer der Fabrikarbeit und ihre Familien, sondern auch die gastronomische Bewegung Slow Food und die Muschelzüchter, die gezwungen waren, ihr Geschäft aufzugeben. Von 2011 bis 2014 war der Verkauf der *cozze tarantine* verboten, weil sie zu stark mit hochgiftigen Substanzen belastet waren. Das hat viele Fischer buchstäblich in den Ruin getrieben. Eine fast drei Jahrtausende währende Tradition war binnen weniger Jahre zerstört worden.

Mittlerweile sind die Miesmuscheln wieder für den Verkauf freigegeben. Allerdings erst nach Kontrollen durch die

Gesundheitsbehörde. Der Imageschaden ist noch längst nicht behoben.

Ich habe sie trotzdem gegessen, als ich am Gründonnerstag in einem Fischrestaurant am *Mare piccolo* Zuflucht vorm Regen fand. Am Vormittag hatte ich vor demselben Restaurant gestanden und zugeschaut, wie die Fischkutter mit ihrem Fang zurückkamen. Ältere Fischer unterhielten sich in ihrem ausgeprägten Dialekt, einige reparierten Netze. Auf der anderen Straßenseite häuften die Muschelverkäufer ihre Ware in weiße Plastikwannen und warteten auf Kunden. Deutlich spürbar lag ihre Anspannung in der nach Meer und Algen riechenden Luft.

Am Abend dagegen herrscht im Restaurant eine fröhliche Stimmung. An vielen Tischen Großfamilien mit Kindern und Großmüttern. Stimmengewirr, Gelächter, Klimpern von Besteck und Gläsern. Im überfüllten Lokal balancieren die Kellner große Teller mit Krabben und Miesmuscheln. Man lacht, trinkt Weißwein und wartet auf den Beginn der Osterprozession. Für einen Augenblick will man lieber vergessen, dass rostrote Abgaswolken über der Stadt hängen. Nur ein Kellner macht sich Sorgen. Als ich ihn anspreche, rückt er seine überdimensionale Brille auf der Nase zurecht. Hinter den Panzergläsern wirken seine dunklen Augen noch größer. »*Piove sempre durante i misteri.*« Egal, ob Ostern in den März falle oder in den April, während der Heiligen Woche sei das Wetter immer regnerisch und kühl. Ob das so stimmt, weiß ich nicht, ich habe in Taranto meist sonniges Wetter erlebt. Aber einige der vom Schicksal so gebeutelten Tarantiner sehen darin ein Zeichen Gottes. Christus opfert sein Leben, um die Menschen zu retten. Und so stirbt auch Taranto. Wird aber sein Tod das Umweltbewusstsein Italiens aufrütteln können?

Während ich mit Freunden esse, ziehen 300 Männer in seltsamen Kostümen durch die Stadt. Ihr Kopf ist unter einer weißen Kapuze versteckt, nur zwei stecknadelkopfgroße Löcher für die Sicht sind erlaubt. Auf der Kapuze sitzt eine Art Priesterhut mit breiter ultramarinblauer Krempe. Barfuß pilgern die Männer von einer Kirche zur nächsten, um vor der letzten Monstranz des liturgischen Jahres Andacht zu halten. *Perdúna* werden die Büßer im Dialekt genannt, *perdoni* auf Italienisch. Das tarentinische Wort klingt beinahe wie ein Imperativ: »Vergib!« Will heißen: »Lieber Gott, sieh meine Schmerzen, *du musst* mir verzeihen.« So sieht die Geben-und-Nehmen-Beziehung zwischen Himmel und süditalienischer Erde aus. Deswegen das *sacrificio*: der lange Marsch durch Alt- und Neustadt ohne Schuhe. Kein Handy, keine E-Mails, keine liebkosende Ehefrau oder Geliebte, geschweige denn ein Mittag- oder Abendessen.

Die Sträßchen der Altstadt sind während des *giovedì santo* so belebt wie zu keiner anderen Zeit im Jahr. Viele der sonst hermetisch wirkenden Erdgeschosswohnungen stehen offen. Kleine Geschäfte bieten Devotionalien, Fotografien von Taranto gestern und heute sowie naive fromme Bilder an: das schmerzensreiche Antlitz Jesu, Christus am Kreuzstab oder die trauernde Maria. Ein Lichtstrahl vom Himmel beleuchtet sie. Gott segnet sie und den Betrachter mit buntem Glitzerpulver. Indessen gehen die Kapuzenmänner unendlich langsam durch die Straßen. Streng genommen ist »gehen« nicht das richtige Wort. *Nazzecare*, sagt man hier: langsam schaukeln. Von rechts nach links, von links nach rechts. Wegen der vielen Schaulustigen, die unaufhörlich mit Kameras und Handys fotografieren, dass man meinen könnte, man sei bei den Filmfestspielen in Cannes, müssen die Kapuzenmänner oft stehen bleiben. Klick, klick,

klick – das Geräusch der Fotoapparate ist allgegenwärtig. Klack, klack, klack, antworten die metallenen Medaillons der Rosenkränze, die die Büßer an der Taille tragen, im Takt des Wiegeschritts.

Während der Prozession begleitet mich Angelo Cannata, der sich als Präsident des Kulturvereins »Le Sciaje« auch für den Umweltschutz starkmacht. Angelo, der die stattliche Erscheinung eines griechischen Kriegers und zugleich den kindlichen Ausdruck eines Jungen hat, betreut eine kleine, aber überaus interessante Ausstellung in dem achteckigen Turm an der Piazza Fontana. Im sogenannten *Torre dell'Orologio* werden Schautafeln zur Geschichte der Muschelzucht sowie Schwarz-Weiß-Fotografien von Taranto aus dem 19. Jahrhundert gezeigt.

Angelo lächelt verlegen. Soll er es mir sagen oder nicht? »Äh«, er räuspert sich und legt verschwörerisch die Hand vor den Mund. Ein Geheimnis wird mir jetzt verraten: »Diese Männer – mehr oder weniger alle Büßer haben dafür bezahlt, dass sie an der Prozession teilnehmen können.« Nein, keine Offerte. Angelos Stimme ist nur ein Hauch: Hohe Beträge von bis zu 100 000 Euro gingen an die Bruderschaft, die Organisatoren der Großveranstaltungen, wenn jemand die Muttergottes oder gar die Christusstatue tragen wolle. Das werde jedenfalls gemunkelt.

Ich kann das Thema nicht vertiefen, denn plötzlich ertönt ein hölzernes Rasseln. Ein Mann bewegt ein archaisches Instrument, das aus einer Holzplatte und Metallklappen besteht: die *troccola*. Und ihm, dem *troccoliere*, kommt eine große Bedeutung zu, weil er sowohl in der Prozession der Mater Dolorosa am Gründonnerstag als auch in der *processione del Carmine* am Karfreitag den Rhythmus bestimmt. Wenn er rasselt, geht es weiter.

Ein Ministrant schaut ängstlich gen Himmel. Auch er hat einen Regentropfen abbekommen. Ein rauer Wind heult durch die Gassen. Einige halten die Daunenjacke vor der Brust zusammen. Auch wir flüchten in den Dom, die Kathedrale San Cataldo. 1071 auf den Ruinen eines römischen Tempels erbaut, wie anhand der imposanten römischen Säulen im Hauptschiff zu erahnen ist. Wir passieren die weit geöffneten Tore und staunen angesichts der Menschenmenge, die sich hier drängt. Der nur als Fragment erhaltene romanische Mosaikboden erscheint unter den vielen Füßen noch fragmentarischer. An den antiken Säulen sind mit Tesafilm bunte Zettel befestigt, Verhaltensregeln für den Besucher: »Keine Fotos während der Andacht.« Natürlich hält sich kaum einer daran. Einige Kinder lassen sich vor den Kapuzenmännern fotografieren, die Schlange stehen, um die Monstranz in der mit Marmorintarsien geschmückten Cappella di San Cataldo anzubeten.

Um 23 Uhr kommt in der Altstadt eine Stimmung auf wie zu Silvester. Immer mehr Menschen strömen in Richtung San-Domenico-Kathedrale, höchster Punkt der Altstadt und Höhepunkt des Gründonnerstags. Fürs Fernsehen sind zwei große Tribünen aufgestellt. Viele Tarentiner, die anderswo leben, verfolgen die Übertragung per Satellit oder im Internet. Die Kameraleute schauen konzentriert auf die Bildschirme und dirigieren die Kräne, mal hoch, mal nach unten, immer auf der Jagd nach beeindruckenden Totalen. Eine Fernsehjournalistin interviewt die anwesenden Honoratioren. Die purpurfarbene Mütze des Kardinals leuchtet im Licht der Scheinwerfer. Vor verwitterten Haustoren verkaufen Männer aus Kühltruhen kalte Getränke: Cola, Fanta und das heimische *Birra Raffo*. Jede Dose *solo un euro.* Man muss ja nicht nur bis Mitternacht durchhalten. Bis die Madonna die Piazza della Fontana erreicht, wird der Morgen grauen. Irgendwo wird *salsiccia* gegrillt.

Da das Gedränge so groß ist, suche ich nach einem anderen Aussichtspunkt. Ich laufe am Mar Grande entlang bis zu einer Querstraße, die direkt auf das Kirchenportal zuführt. Die Straße ist für Autos gesperrt. Carabinieri mustern lässig die vorbeiziehende Jugend. Wie viele Mädchen im Minirock trotz der eisigen Kälte! Man könnte sich vor den Toren einer Disco wähnen, zu der die Gorillas nur Auserwählten Einlass gewähren. Ich schaue hinaus aufs Mar Grande. Aus den Schornsteinen der ILVA quillt kupferfarbener Rauch. »Könnte meine Stadt der Eingang zur Hölle sein?«, hat eine Grundschülerin in einem Aufsatz geschrieben, der in dem Kinderbuch *Sognando le nuvole bianche* (*Von weißen Wolken träumend*) veröffentlicht ist.

23:50 Uhr, nur noch zehn Minuten. Am Fuß der monumentalen Treppe der San-Domenico-Basilika spielt eine Kapelle den Trauermarsch von Chopin. Nicht gerade die Mailänder Scala, aber es ist schön zu hören, wie – ganz süditalienisch – jeder Musiker seinem eigenen Tempo folgt. Beim Publikum hingegen gibt es kein Ich und Du mehr. Plötzlich dröhnt Beifall aus dem Herzen der Masse: Das Tor der Kathedrale wird geöffnet. Hunderte Handys und iPads leuchten in der Nacht. Hinter den roten Bommeln der Carabinieri-Mützen erscheint schwankend die kleine Statue der Mater Dolorosa, des Mädchens im Nonnengewand. Ich weiß nicht, warum, aber das weiße Tüchlein in ihrer Hand berührt mich zutiefst. Ein Vorbote dessen, was mich am nächsten Tag erwartet.

Es vergeht eine Stunde, bis die Schmerzensreiche mit dem Kindergesicht von der Treppe auf die Straße getragen ist. In dieser Nacht ereignen sich für manche die ersten großen Dramen des Lebens. Das vielleicht achtzehnjährige Mädchen neben mir hat sich vom Friseur wunderschöne Locken machen lassen. Wie flüssiger Karamell fallen sie ihr über die Schultern. Mit funkelnden Augen schaut sie ihren Auserkorenen an. Er steht dicht bei ihr, fast berühren sich ihre Oberarme, doch er schaut zur Seite, auf sein Handy. Da kommt gerade ein pinkfarbenes Herz an, die Botschaft einer anderen.

Ich gehe zurück zur ebenso überfüllten Piazza Fontana, und um 2:30 Uhr kann ich von Weitem endlich die Madonna erspähen. »*Buona notte*«, sage ich. Für heute gebe ich auf, während die *perduna* und die Tarantiner noch 24 Stunden weitermachen bis zur nächsten Prozession.

Am nächsten Tag hängt der Himmel tief über Taranto. Die Wolken haben einen Bauch voller Regen und lassen diesen nun auf die Stadt herunterprasseln. Zeit für einen Museumsbesuch. Verpassen Sie nicht das wunderschöne Museo Archeologico und das Ethnologische Museum im 1770 erbauten Palazzo Pantaleo!

Am Abend des Karfreitags startet an der Basilica del Carmine eine neue Prozession. Vorbereitet wurde sie das ganze Jahr über. Die Ehre, eine der Statuen zu tragen, wird durchaus nicht jedem gewährt; vielmehr setzt sie die Mitgliedschaft in einer der 14 Bruderschaften voraus und wird vom Vater an den Sohn vererbt. Dabei ist außerdem, wie schon erwähnt, viel Geld im Spiel. Einige Tage vor der Karwoche findet eine Auktion statt, auf der die Teilnahme versteigert wird. Man sagt, dass die organisierte Kriminalität ihren langen Arm auch nach den Prozessionen ausstreckt. Um ihr Image zu polieren und ihre Position in der Gesellschaft zu festigen. Aber natürlich weiß niemand nichts Genaues. Und die Tarantiner bestreiten heftig, dass es so ist.

Hunderte Männer in weißer Kutte schultern die schweren Holzgerüste, die die Stationen des Kreuzwegs zeigen. Wird einer müde, tritt ein Ersatzmann im schwarzen Smoking an seine Stelle. Ausnahmslos alle tragen eine Dornkrone. Es vergehen Stunden, bis endlich alle aus der Kathedrale getreten sind, die Ansprache des Kardinals gehalten ist und die Prozession sich durch Tarantos *borgo nuovo* bewegt. Die Tarantiner Jugend begleitet die *perduna* die ganze Nacht hindurch. Wenn Sie, verehrter Leser, dazu zu müde sind, sollten Sie zumindest die bewegenden letzten Stunden der Prozession nicht verpassen. Im Morgengrauen wird einem klar, dass es den Tarantinern nicht einfach um die theatralische Darstellung des Leidens und Sterbens Jesu geht. Es mag ein Passionsspiel sein, aber die Emotionen sind echt. In der schüchternen Morgensonne sehe ich auf einem Balkon eine Frau im Morgenmantel, die sich mit ihrem Taschentuch immer wieder die Tränen trocknet. Und einige der Schaulustigen um mich herum verbergen ebenfalls ihr Gesicht in einem Papiertaschentuch. Acht Kapellen – eine für jede Statue – spielen inbrünstig einen Trauermarsch nach dem anderen. Und eine ganze Gesellschaft trauert. Jeder für sich und alle miteinander, um einen geliebten Menschen, der von uns gerissen wurde. Um diese frühe Morgenstunde geht die physische und geistige Erschöpfung der Büßer auf die Schaulustigen über. Zwölf Stunden langsamen Gehens, barfuß auf den kalten Straßen, unentwegt schaukelnd von links nach rechts und von rechts nach links.

Um acht Uhr fehlen noch etwa 200 Meter und zwei Stunden bis zum Endpunkt der Prozession. Die Musik wird auf einmal zärtlicher. Das ist der Augenblick, in dem der, der *noch ist,* denjenigen, der *nicht mehr ist,* kurz berührt. All die schönen Momente gehen einem im Zeitraffer durch den Kopf. Ein Büßer streift die weiße Kapuze ab, Tränen laufen ihm übers Gesicht. Aus der Menge löst sich eine Dame im Pepita-Blazer. Ein Hauch von Chanel weht einen Augenblick lang durch die Luft. Sie nimmt den Mann fest beim Arm, will ihn trösten. »*Coraggio,* nur Mut«, sagt sie. Ganz Taranto ist während dieser 36 Stunden Prozession die Schmerzensmutter, und die vom Krebs getöteten Tarantiner sind der Sohn.

Als der *troccoliere* endlich erschöpft, aber energisch ans geschlossene Kirchenportal klopft und dieses nach dem dritten Klopfen geöffnet wird, weiß man: Es ist vollbracht. Die Prozession ist zu Ende. Nach und nach verschwinden die *perduna* ins Kircheninnere. Die Fernsehzuschauer können noch verfolgen, wie sie einander erlöst in die Arme fallen. Dann geht das Kirchentor zu. Die Kameras werden abgeschaltet. Die Menge vor der Kirche zerstreut sich, die Leute streben in die Bars und Cafés. Man wirft das benutzte Taschentuch auf den Boden, man hält ein Schwätzchen. Es war schrecklich anstrengend, aber nächstes Jahr gehe ich wieder hin!

Ostuni und das Einmaleins des *olio d'oliva extravergine*

Welche Farbe hat Ostuni? Traditionell wird das Städtchen in der Provinz Brindisi *la città bianca* genannt. Wegen der kalkweißen Häuser und Häuschen, die sich auf drei Hügelkuppen über das Umland erheben wie eine Zitadelle. Tagsüber blendet dieses Weiß. Nachts wird Ostuni von orangefarbenen Scheinwerfern beleuchtet.

Aus diesem Grund fragt sich mancher, zum Beispiel der 1987 geborene Autor Renato Nicassio, ob es nicht passender wäre, es als *città arancione* zu bezeichnen. Im Blog *Inchiostro di Puglia* (*Schwarze Tinte aus Apulien*) erzählt Nicassio in leichtfüßigem Ton von seinem Sommerurlaub in diesem Städtchen und wirft augenzwinkernd die Frage auf, ob die Gemeinde nicht auf hellere Energiesparlampen oder Neon zurückgreifen könne, um Ostuni auch *by night* weiß erscheinen zu lassen. Bei meinem ersten Besuch hat mich die nächtliche Beleuchtung nicht sonderlich gestört. Es war abends, und eine helle Mondsichel wie auf der türkischen Flagge hing am nachtblauen Himmel. Ich hatte das Gefühl, in ein Märchen aus Tausendundeiner Nacht katapultiert zu werden.

Die Apulier sind weniger begeistert als ich, vor allem wenn die Stadt im Sommer voller Urlauber ist, respektive voller Bareser. »Ca. zehn Kilometer von Ostuni entfernt befindet sich Rosa Marina«, schreibt Nicassio. »Das heißt ein Teil von Bari. Nun: Sie sollten wissen, dass es in Bari zwei unerschütterliche Postulate gibt. Eine Art Mantra, das wir gebetsmühlenartig wiederholen. Erstens: In Bari gibt es nichts zu tun. Zweitens: Bari ist schön, das Problem sind die Bareser. Diese beiden universellen Wahrheiten packen im Juli und August den Koffer und ziehen dank ihrer transitiven Eigenschaft nach Rosa Marina. Also, erstens: In Rosa Marina gibt es nichts zu tun. Zweites: Rosa Marina ist schön, das Problem sind die Bareser (…) Wenn der Strand abends keine sinnvolle Option ist, um die Langeweile zu vertreiben, bietet sich allein Ostuni als möglicher Zufluchtsort an. Dort findet man endlich etwas zu tun.«

Auch italienische Reisemagazine preisen die Nachtklubs in Ostuni als absolutes Muss. Nachdem man sich an der Statue des heiligen Oronzo vorbei durch das Gewirr der Gassen und Treppchen weiter nach oben gearbeitet hat, findet man ein paar Etablissements, die mit ihrem Design und Spirituosenangebot durchaus mit denen einer Großstadt wie New York konkurrieren könnten. Schon bevor man die Bar zu sehen bekommt, ahnt man ihre Nähe. Nicht nur wegen des wogenden Stimmengemurmels. Auf den Stufen einer Außentreppe sind schneeweiße Designersessel und Kissen drapiert. Sie bilden einen herrlichen Kontrast zu den alten *chianche*, den Steinen der antiken Häuser. Langbeinige Schönheiten servieren Cocktails. Der Platz vor der Bar ist eine kleine Aussichtsterrasse, von der aus man einen wunderschönen Panoramablick über die Ebene bis zur Adriaküste hat. Übrigens auch auf den Badeort Rosa Marina, aus dem die Kundschaft der Bar soeben geflüchtet ist. Allerdings ist nachts von der Besonderheit der Natur rund um Ostuni wenig zu erkennen. Lichter glimmen in der Dunkelheit, pulsieren wie ein lebendiger Organismus. Sogar im Hochsommer weht immer eine leichte Brise. Deswegen ist Ostuni auch als *città dei sette venti* bekannt, die Stadt der sieben Winde.

Schaut man tagsüber auf die Ebene hinunter, versteht man sofort, wie die Stadt zu ihrem dritten Spitznamen kommt: *la regina degli ulivi*, die Königin der Olivenbäume. Eine immense Fläche rötlicher Erde voller Olivenbäume erstreckt sich rund um die Hügel. 40 Prozent der italienischen Olivenölproduktion stammen aus Apulien.

Hier sollte die Suche nach dem besten Öl beginnen. Mit einer »Schule des Sehens«. Bevor man überhaupt Olivenöl zu kosten bekommt, kann man eine ausgezeichnete Vorstellung davon gewinnen, wie es schmeckt, einfach indem man den Olivenhain genau betrachtet. Wächst unter den Bäumen viel Gras? Na, dann würde ich lieber weiterfahren zum nächsten Produzenten. Mit einem gut durchgepflügten Boden fängt alles an. Durch das Auflockern wird der Erde Sauerstoff zugeführt, die weichen Gräser werden in die Erdschollen eingearbeitet und ernähren die Bäume. Zusammen mit dem hohen Eisengehalt des Bodens sorgen sie für das erstklassige Aroma der Oliven.

Zu großen Teilen verdanke ich mein Wissen über das flüssige Gold Antonella Rosati und ihrer Familie. Antonella, die wir schon im Kapitel *Il mare* am Strand kennengelernt haben, verwaltet bei Ostuni eine Plantage mit hundertjährigen Olivenbäumen in biologisch-dynamischem

Anbau. Schon ihre Großeltern haben auf diesem Gut Oliven- und Mandelbäume gepflanzt, lange bevor Bioprodukte in Mode kamen. Antonella ist auf Umwegen dazu gekommen, das Gut zu übernehmen. Nach dem Studium verschlug es sie erst einmal nach Deutschland, des Jobs und der Liebe wegen. Erst als ihr Vater, der sich dem Olivengut mit großer Hingabe gewidmet hatte, plötzlich verstarb, wurde Antonella auf einmal klar: Die Ölbäume – einige sind über 800 Jahre alt – riefen sie herbei.

Sie nahm das Vermächtnis ihres Vaters an und begann, sich um den Familienbetrieb zu kümmern: von der Pflege des Bodens und der Bäume über die Ernte und Produktion bis hin zu Vermarktung und Vertrieb. Rosatis Olivenöl, das flaschenweise in runden, pastellfarbenen Kartons verpackt ist wie edler Wein, findet sich nicht im Supermarkt um die Ecke, kann aber unkompliziert im Internet bestellt werden.

Eine Pinienallee wie aus dem Bilderbuch führt zum Landhaus der Rosatis. Der Wagen passiert das geschwungene Eisentor und rollt langsam über einen Kiesweg. Zwischen den Stämmen der hohen Pinien heißen uns rosa blühende Oleanderbüsche willkommen. Als wir aus dem Auto steigen, empfängt uns eine niedliche Katzenfamilie mit lautem Miau-Miau. Aber Antonella hat jetzt keine Zeit, sich um die getigerten Gören zu kümmern. Rebecca, die junge Haushälterin aus Rumänien, eilt herbei und nimmt unsere Taschen entgegen, während wir mit schnellen Schritten in Richtung Olivengarten laufen. Schwere graue Wolken am Horizont kündigen ein starkes Gewitter an, und bevor der Regen auf uns prasseln wird, will sich meine Freundin vergewissern, wie es den Oliven geht. Es ist September, und der Zeitpunkt der Ernte muss festgelegt werden.

»Glaub jetzt nicht, dass ich Angst vom Regen habe«, sagt sie. Oft habe das schlechte Wetter sie schon überrascht – die Ernte habe trotzdem stattfinden müssen. Wir folgen zunächst einem ausgetretenen Pfad, vorbei an einem alten, brüchigen Trullo, dann stoßen wir zur Mitte der Plantage vor. Die Erde ist locker und weich, aber nicht so, dass man darin versinkt.

Antonella erzählt, warum die Produktion eines ausgezeichneten Olivenöls mit der Pflege des Bodens beginnt. Im September ebnen viele Olivenölproduzenten den Boden, sie häufeln unter den Bäumen eine kraterartige Mulde auf, in die die Oliven fallen werden. Nach einigen Tagen kommen Kehrmaschinen, sammeln die Oliven ein und bringen sie samt Erdkrume zur Mühle, wo sie gewaschen und verarbeitet werden. *Attenzione*, sobald die Olive mit der Erde in Kontakt kommt, setzt ein Gärprozess ein, der den Geschmack des Öls eindeutig beeinflussen wird. Müßig zu sagen, dass diese Methode bei Antonella nichts zu suchen hat. Familie Rosati produziert ihr Öl ausschließlich aus von Hand gepflückten Früchten. Zwar werden auch hier wie auf anderen Plantagen unter den Zweigen Netze ausgespannt, um jene Oliven aufzufangen, die sich selbstständig von der Pflanze lösen, aber diese Früchte verkaufen die Rosatis an Dritte. Meist haben die »Gefallenen« zu lange am Baum gehangen und sind überreif. Das Öl aus ihrem Fruchtfleisch sei zwar nicht schlecht, aber eben nicht exzellent, sagt Antonella.

Wir gehen weiter über die lockere, eisenrote Erde, der Hain steigt leicht an. Antonella nähert sich einem Baum, streichelt seine raue Rinde. Dieses Exemplar sei ungefähr 800 Jahre alt, erklärt sie. Ich überlege kurz: Als eine freundliche Menschenhand diesen Olivenbaum an dieser Stelle pflanzte, wurde der Hohenstaufer Friedrich II. zum römisch-deutschen Kaiser gekrönt. Man schrieb den Sommer 1215. Es ist sehr gut möglich, dass eines dieser narbigen, rissigen Gewächse den Puer Apuliae hier vorbeireiten sah, zum Beispiel in Richtung Cisternino, wo er angeblich eine junge Dame verehrte.

»*Quante guerre ha visto questa pianta!*«, ruft Antonella aus. Wie viele Kriege, Kalamitäten und Gewitter mag dieser Baum erlebt haben? Vor den Bäumen, die erst vor zwanzig Jahren gepflanzt wurden, werden einem die historischen Dimensionen klar. Sie wirken wie halbwüchsige, nicht ernst zu nehmende Sträucher. Immerhin braucht man zwischen zehn und zwanzig Kilogramm Oliven, um einen Liter natives, kalt gepresstes Öl zu gewinnen. Je älter ein Baum ist, desto mehr Oliven wachsen an seinen Zweigen. Bei manchen dieser Greise kann man sogar drei- oder viermal im Jahr ernten, und zwar von November bis März, April. *Maturazione a rotazione*: Die Oliven reifen schichtweise, zeitversetzt in den Monaten zwischen Herbst und Frühjahr.

Der Gedanke, dass das sonst übliche maschinelle Schütteln die jahrhundertealten Bäume in Mitleidenschaft ziehen könnte, war für Antonella unerträglich. Deswegen entschied sie sich für die schonendste Art der Ernte. Im September werden nicht nur Termine mit Landarbeitern festgeklopft, sondern auch Freunde – vor allem aus Deutschland – zusammengetrommelt, die gegen Kost und Logis bei der reinen Handarbeit helfen. Und jetzt raten Sie mal, wer bei der letzten Ernte dabei war und dank Antonella nicht allzu viel Unfug angestellt hat?

Nach diesem Streifzug durch Kreuz und Wonne im Leben eines Olivenölproduzenten kann man gut nachvollziehen, warum gutes, sehr gutes natives Olivenöl nicht nur ein paar Euro kosten kann. Dazu gibt es zwei Sorgen, die Antonella und ihren Kollegen den Schlaf rauben. Abgesehen von Schädlingen wie der Olivenfliege, die ihre Eier in die Früchte legt, sodass diese von den Maden zerfressen werden, bedroht seit Kurzem ein heimtückisches Bakterium Apuliens Olivenbäume.

Die *Xylella fastidiosa* blockiert den Wasser- und Nahrungsaushalt der Pflanze; die Zweige dörren plötzlich aus. Olivenbäumen, die zwei Weltkriege unbeschadet überlebt haben, droht so das Absterben. Beim Consiglio Nazionale delle Ricerche (CNR), sozusagen der italienischen Max-Planck-Gesellschaft, hat man die Bekämpfung des Erregers mittlerweile zur Chefsache gemacht. Bisher waren vor allem die Olivenbäume des Salento von der Krankheit betroffen. Bis Ostuni soll sie noch nicht vorgedrungen sein, aber auch hier ist die Angst groß. Ist die Pflanze einmal befallen, hilft nichts: Man muss Zweige abschneiden, die Wunde behandeln und auf Medizin, das heißt Chemie zurückgreifen. Der blanke Horror für Landwirte, die biologisch-dynamisch arbeiten.

»Wir haben schon einige Pflanzenkrankheiten besiegt. Mithilfe der Wissenschaft werden wir auch gegen diese ein Mittel finden«, verkündet der Pressesprecher des nationalen Forschungsrats CNR zuversichtlich.

Wenn die Oliven geerntet sind, muss man sich einen vertrauenswürdigen Betreiber einer Ölmühle suchen. Theoretisch könnte ein Bösewicht auf die Idee kommen, unbemerkt einen Teil der guten Oliven für sich zu behalten und unter den Rest billigere – also vielleicht un- oder überreife oder sogar schon faule – Früchte zu mengen. Die Rosatis haben sogar eine Sondervereinbarung mit einem *frantoio* getroffen: Ihre Oliven kommen als Erste unter die Steinmühlen. So wird ausgeschlossen, dass aufgrund der Eile und der großen Mengen an Oliven, die in dieser Zeit gemahlen werden, Reste der Olivenpaste aus der letzten, »fremden« Pressung ins eigene Öl fließen.

Antonella erzählt mir einzelne Episoden aus dem großen Kriminalroman rund um das italienische Olivenöl. Vor ein paar Jahren berichtete die Presse, lediglich 20 Prozent des »italienischen Olivenöls« stammten tatsächlich aus Italien. Billigeres Öl minderer Qualität aus Marokko, Tunesien und der Türkei wird auf illegalem Weg nach Italien importiert und später als »italienisch« nach EU-Norm weiterverkauft. Das Etikett gibt darüber kaum Auskunft. Obwohl in Italien ein Gesetz vorschreibt, dass die Herkunft der Oliven ausgewiesen werden muss, wird nach wie vor geschwindelt. Gifte und künstliche Aromastoffe wurden sogar in Flaschen aus dem Bioladen nachgewiesen. Es sollte mehr Kontrollen geben, sagt Antonella. Da sie ein edles Nischenprodukt für Gourmets und Kenner produziert, geht sie ihren Weg unbeirrt weiter.

Wenn man schon mal hier ist, lohnt sich ein Besuch bei einem *frantoio*, zum Beispiel in Trisole bei Cisternino. Die meisten Ölmühlen kann man besichtigen und die verschiedenen Öle auch gleich probieren. Wer will, kann auch einen Kochkurs oder ein Seminar buchen, bei dem man lernt, aus dem nativen Olivenöl Seife oder Bodylotion herzustellen. Mir schwirrte der Kopf von all den Informationen. Nur zwei Dinge konnte ich mir merken. Erstens: wie beim Wein auch beim Olivenöl auf den Preis achten und das Etikett genau anschauen. Zweitens: den eigenen Sinnen trauen. Das reine Naturprodukt *olio d'oliva extravergine* hat ein wunderbares Aroma. Es duftet *fruttato*, fruchtig-frisch nach Olive; es schmeckt süß auf der Zungenspitze, salzig auf den Zungenseiten und pikant hinten am Gaumen.

Ganz einfach! Die Farbe sagt dagegen wenig über die Qualität, sie kann je nach Olivensorte von grünlich braun bis goldgelb schimmern. Wenn ein Olivenöl eher lieblich-süßlich schmeckt und die genannten Nuancen nicht aufweist, tja, dann ist es vermutlich gepanscht, oder es ist kein *extravergine*, das heißt aus erster Pressung ohne Temperatureinwirkung. Wenn bei der Pressung warmes Wasser hinzugefügt wird, wird zwar eine höhere Quantität erzielt, aber eine mindere Qualität.

Noch einen Tipp kann ich mir nicht verkneifen. Wenn Sie einen Produzenten oder eine Ölmühle besuchen, kaufen Sie gleich mehrere Flaschen von dem Öl, das Sie mögen. Sonst ärgern Sie sich zu Hause, nur ein einziges Exemplar erworben zu haben. Neben *extravergine* und *denocciolato*, Olivenöl, das ausschließlich aus Fruchtfleisch hergestellt wird, gibt es auch aromatisierte Sorten mit Rosmarin, Zitrone und Orange. Als ich, schwer beladen mit braunen Papiertüten, aus der Ölmühle kam, schaute mich Antonella enttäuscht an.

»Sag bitte nicht, dass du Olivenöl für Schickimicki gekauft hast!« Sie wiegte den Kopf ein wenig hin und her, warf mit einer schnellen Bewegung ihr langes kastanienbraunes Haar zurück und meinte: »Jedes Olivenöl hat etwas zu sagen, eine eigene Stimme, die aus einer ganz speziellen Olivensorte herrührt.« Die *oliva coratina*, die blaue Olive, schmeckt besonders pikant und passt ideal zu deftigen Speisen wie *ciceri e tria,* Nudeln mit Kichererbsen. Die *ogliarola* dagegen ist viel milder, riecht ein wenig nach Apfel und Kräutern und schmeckt toll zu Fisch und Gemüse. »Wenn man irgendwelche Früchte dazupappt, dann *si affoga*, ertränkt man die besonderen Nuancen des Öls!«

Ich senke schuldbewusst den Kopf.

»*Dai*, komm!« Antonella boxt mich sanft in den Arm, um mich aufzumuntern. »Ich zeige dir noch etwas Schönes.«

Und das wird mein letzter Geheimtipp in diesem Kapitel: Zwischen Trisole und Cisternino führt ein holpriger Weg an niedrigen, uralten Trockenmauern entlang. »*Ecco le montagne russe,* eine Berg-und-Tal-Bahn. Ooohhh!«, ruft Antonella lachend aus. »Oooohhh!«, mache ich ebenfalls und freue mich aufs Abendessen.

Reise ins unsichtbare Lukanien

Die Kamera zoomt auf die sich langsam drehende Weltkugel. Auf Afrika, Europa, den italienischen Stiefel und dann auf – nichts. Eine hellblaue Leere, ein riesiges Loch tut sich auf im Bauch Italiens. Aus dem Off spricht eine dialektgefärbte Stimme: »Die Basilikata …«, so beginnt der Film *Basilicata Coast to Coast* (2010) des Regisseurs und Komikers Rocco Papaleo, »… ist ein bisschen wie Gott. Man muss daran glauben. Ich glaube daran. Ich habe sie gesehen.«

Ich auch! Von Rionero del Vulture im Norden bis Metaponto am Ionischen Meer. Von Matera (im Osten) bis Maratea am Tyrrhenischen Meer (im Westen). Es ist eine der schönsten Regionen Italiens. In Städtchen wie Acerenza, Pietrapertosa oder Pisticci findet man die archaische Atmosphäre der italienischen *campagna* wie in einem alten Bilderbuch. Hügelige Landschaften, gelbe Kornfelder, klare Bäche, aber auch schroffe Felsen, undurchdringliche Wälder und schwer erreichbare Dörfer auf der Spitze eines

Bergs. Wenn man auf der Landstraße Basentana (*strada statale 407*) unterwegs ist, tauchen sie plötzlich im Sichtfeld auf: Entlegene Weiler und mittelalterliche Nester beugen sich über die tiefe Schlucht wie Zauberer mit ihrem spitzen Hut und blicken auf uns Autofahrer herab – ein wenig verwundert darüber, dass eine Menschenseele die Mühe auf sich nimmt, bis hierher zu reisen. Zwischen uralten Olivenbäumen und Eichen weiden seelenruhig die Schafe.

Weil sie so schwer zu erreichen ist, war die Basilikata jahrelang ein Gebiet am Rande der großen touristischen Routen. Das ist Glück und Unglück in einem. Rocco Papaleo übertreibt in seinem Film kaum. Bis heute geht es vielen Italienern so: Entweder bemerken sie diese Region gar nicht, oder sie betrachten sie schlicht als einen Landstrich, dessen Bewohner in Scharen auswandern. Wie sich ein Lukaner dabei fühlt, habe ich letzten Sommer gut nachempfinden können. Ich traf einen Freund, der im schmucken Städtchen Pisticci als Barmann arbeitet. Er hatte mir gerade den alkoholfreien Fruchtcocktail hingestellt, als er plötzlich erstarrte.

»Hast du das gehört?«, fragte er gereizt. Sein Zeigefinger wies auf das Radio. Offensichtlich missfiel ihm die Sendung sehr. Ich schüttelte den Kopf. »Na, das Radio, *le previsioni*!« fuhr es ungeduldig aus ihm heraus. »Vereinzelte Schauer in Kampanien und Kalabrien. Heiter bis wolkig in Apulien. Und wir? Für die RAI (das italienische Staatsfernsehen) existieren wir gar nicht!«

Ich muss Antonio recht geben. Selten wird die Basilikata in der landesweiten Wettervorhersage genannt. Keine Ahnung, warum. Vermutlich müsste man auch hier den lieben Gott fragen. Aber da Gott keine Lust hat, bei solchen Lappalien zu antworten, beschränke ich mich auf meine

Beobachtungen. Lange Zeit wurde diese Region für Latifundien des untergegangenen Königreichs beider Siziliens gehalten. Bestenfalls sah man in ihr eine Ansammlung von kleinen Bauerndörfern, die man notwendigerweise verlassen musste, um woanders – im Norden oder in Amerika – Arbeit zu finden. Heute sind in der Basilikata knapp 600 000 Menschen gemeldet. Genauso viele Lukaner – so heißen die Basilikata-Bewohner nach der alten Bezeichnung des Landes, Lukanien – leben außerhalb von Italien, verstreut über alle fünf Kontinente. An die 800 lukanische Kulturvereine sind in der »Diaspora« tätig, von Nordeuropa bis Amerika und Australien. In Deutschland sind es ca. 20.

Nicht nur die Basilikata ist unsichtbar. Auch die Lukaner selbst. Sie existieren nicht einmal in der italienischen Sprache. Keiner nennt sie »Basilikeser« – nach ihrem Gebiet. Man verwendet den zweitausend Jahre alten Namen aus jener Zeit, als Lukanien (von lat. *lux* wegen des Sonnenlichts oder *lucus* wegen der undurchdringlichen Wälder) auch Teile Kampaniens und Kalabriens unter sich hatte. Wenn Worte Wirklichkeit schaffen, was ist das dann für eine Realität? Der Lukaner ist zielbewusst und still. Anders als der Römer oder der Neapolitaner, die sich mit ihrer Herkunft großtun, konzentriert er sich auf die Arbeit. Hunderttausende haben sich eine Existenz im Ausland aufgebaut, darunter einige Prominente. Sie wurden zwar durch ihre großartigen Leistungen berühmt, aber merkwürdigerweise werden sie selten mit ihrer Heimat in Verbindung gebracht. Kaum bekannt ist, dass der Regisseur Francis Ford Coppola aus dem kleinen Ort Bernalda (30 km südlich der Hauptstadt Matera) stammt. Und wer kennt Salvatore Lombino alias Ed McBain (1926–2005)? Als erfolgreicher Krimiautor schrieb er unter anderem das Drehbuch zu dem

Hitchcock-Klassiker *Die Vögel*. Seine Familie kam aus Ruvo del Monte (Provinz Potenza).

Im Sommer 2014 sorgte ein weiteres prominentes Kind von Lukanern für Furore: Bill de Blasio, Bürgermeister von New York, kam nach Italien, um zu sehen, woher seine Familie ursprünglich stammte. De Blasios Großmutter hatte den kleinen Ort Grassano am Fluss Bradano schon 1903 verlassen, aber Bill hatte seine Wurzeln nie vergessen; sogar in seiner Wahlkampagne hatte er versprochen, hierher zurückzukommen. Zufällig war ich auch in der Basilikata, als der wichtige Besucher sich mit Ehefrau und Kindern dort aufhielt. In den Regionalzeitungen wurde er abgelichtet, wie er glücklich lächelnd auf einem Balkon stand und grüßte wie Papst Franziskus zu Ostern. Ich schaltete den Fernseher zur italienischen Tagesschau ein: nichts. Vielleicht hatte ich einen Teil der Nachrichten verpasst? Ich rief meine Schwester in Neapel an.

»Ah, ja, de Blasio«, sagte sie. Er sei Anfang der Woche in Rom gewesen. »Grassano? Neee, das kam nicht in den Nachrichten. Wo ist das überhaupt?«

»Wie alle Orte hierzulande liegt Grassano als weißer Fleck auf dem Gipfel eines hohen, kahlen Hügels wie ein kleines erträumtes Jerusalem in der Einsamkeit einer Wüste.« So beschrieb Carlo Levi 1942 das kleine Dorf, das sich bis zu einer Höhe von 576 Metern einen Hügel hinauf erstreckt. Wenn man in die Basilikata reist, kommt man um den Turiner Schriftsteller Carlo Levi (1902–1975) nicht herum. Sollte man nicht selbst darauf kommen, wird man vor Ort ständig an ihn erinnert. In vielen Hotels rund um Matera liegt der Roman *Christus kam nur bis Eboli* sogar in englischer und deutscher Sprache in der Bücherecke bereit. Dem abgenutzten Cover ist zu entnehmen, dass Touristen gerne darin blättern. Sollte man es zu Hause vergessen haben, dann wird man in Matera in der *Libreria dell'arco* fündig. In der schönen Buchhandlung sind Übersetzungen des Werks in vier europäischen Sprachen zu haben.

»Hast du *Cristo si è fermato a Eboli* gelesen?«, fragen Freunde und Bekannte und schauen mich erwartungsvoll an. Ihnen bedeutet Levi sehr viel. Der Arzt, Maler, Journalist und Autor ist ein großer Klassiker der italienischen Literatur. Zusammen mit den Schriftstellern Leone Ginzburg und Cesare Pavese lehnte er sich in seiner Heimatstadt Turin gegen Mussolini auf. 1935/36 wurde Levi wegen seiner antifaschisischen Haltung zunächst nach Grassano und später nach Aliano verbannt. 1942 wurde er erneut von den Faschisten verhaftet; in der Isolation schrieb er seine Erinnerungen an den Aufenthalt in Lukanien nieder. Mittlerweile in 37 Sprachen übersetzt, hat der autobiografische Roman *Christus kam nur bis Eboli* dieses kleine, fast vergessene Stück Italien weltweit bekannt gemacht. Es ist ein wunderbares Buch. Ein Buch, das man unbedingt lesen sollte, wenn man hierherkommt. Und doch zeichnet es – aus heutiger Sicht – ein einseitiges Bild der Region.

Eboli ist ein kleiner Ort ca. 100 km südlich von Neapel. Dort endete vor dem Zweiten Weltkrieg die Eisenbahnstrecke. Und mit ihr die Zivilisation. Levi beschrieb Lukanien als *mondo chiuso*, geschlossene Welt: jenseits der Moderne, verhaftet zwischen Magie und Aberglaube, von Gott und der Welt vergessen. Berichtete, dass die Lukaner die Zentralregierung in Rom als eine weit entfernte Entität empfanden. Fremd und unbegreiflich. 1935 kam es Levi so vor, als sei das Mittelalter hier nie ganz vergangen. Oder vielleicht eine noch ältere, vorgeschichtliche Zeit. Er schilderte die erbärmlichen Lebensbedingungen der süditalienischen Bauern, erzählte von den *sassi*, den Höhlensiedlungen, die an den zerklüfteten Felswänden oberhalb des Flusses Gravina hängen – heute eine Attraktion für Touristen. Damals jedoch lebten Menschen und Tiere in den feuchten, dunklen Behausungen zusammen wie in der Steinzeit: Die ganze Familie schlief in einem einzigen großen Bett, gewärmt vom Atem des Esels, gestört durch das Gegacker der Hennen und Küken unterm Bett. Und in einem Strohkorb, der von der Decke hing, lag das Neugeborene. Es gab weder Elektrizität noch Kanalisation. Levi verglich *i Sassi* mit Dantes Höllenkreisen. Voll Empathie und in bester humanitärer Gesinnung wollte er die Missstände anprangern, kämpfte er doch als Mitglied der Bewegung »Giustizia e Libertà« (Gerechtigkeit und Freiheit) für bessere Lebensbedingungen. Doch kristallisierte sich durch seine gut gemeinten Texte ein Bild des unterentwickelten Mezzogiorno heraus, das sich hartnäckig hielt. Die Floskel »Christus kam nur bis Eboli« – oder *come dice Carlo Levi*, wie Levi sagt – wurde zum gängigen Synonym für die Rückständigkeit Süditaliens.

Levi würde sich vermutlich im Grabe umdrehen, wenn er das lesen könnte. Er hat Lukanien und die Lukaner sehr geliebt. Nicht nur vermachte er ihnen sein malerisches Gesamtwerk, er wollte auch in Aliano bestattet werden. Im barocken Palazzo Lanfranchi (erbaut 1668–1672), heute Sitz des Nationalmuseums für mittelalterliche und moderne Kunst in Matera, ist Levi ein ganzer Flügel im Erdgeschoss gewidmet.

In expressiver Manier hat der Maler Levi mit dick aufgetragenen Pinselstrichen die Charaktere der archaischen Bauernwelt eingefangen. Diese Porträts sind zu Ikonen der Region avanciert. Pasqualino, das Kind mit den hinter dem

Kopf verschränkten Händen, oder die Bäuerin mit dem weiß-grauen Kopftuch sollen in den touristischen Internetportalen – www.lucaniaonline.it oder www.sassiweb.it – die Sehenswürdigkeiten der Region repräsentieren.

Auch in meinem Kopf hatte sich dieses Bild der Rückständigkeit festgesetzt. Aber ich musste meine Einschätzung revidieren. Einerseits lernte ich eine überaus moderne und zukunftsorientierte Gesellschaft kennen (siehe *Matera 2*), andererseits erlebte ich archaische Bräuche und urwüchsig-monumentale Landschaften, die Millionen Jahre von uns entfernt scheinen. *Da non perdere:* Orte wie Craco – ein komplett verlassenes Dorf – oder Tursi sollte man auf keinen Fall verpassen.

Ein Aha-Erlebnis hatte ich in Pisticci. Wie viele Dörfer hier liegt auch dieses auf einer Anhöhe, eine ungeordnete Ansammlung schneeweißer Häuschen mit roten Ziegeldächern rund um eine Hügelspitze. Sogar im Hochsommer fühlt man sich hier, als wäre Weihnachten, so still und in sich gekehrt wirkt das Zentrum. Ich ging durch die sich windenden, steilen Sträßchen in Richtung Basilika Santa Maria dell'Annunziata und bewunderte vom Aussichtspunkt aus *i calanchi*, dünenähnliche Senken in der Erde. Kein Laut. Nur das Rauschen des Windes. Sogar die Zikaden schwiegen. Die Welt, von hier aus gesehen, ist eine andere als unser hektisch tickender Erdball. Es ist eine Dimension außerhalb der Geschichte. Man ertappt sich bei existenziellen Gedanken, man lacht ein wenig über sich, aber ganz tief im Innern ist man sich sicher: So müssen die Urmenschen diese Gegend gesehen haben, so wie ich in diesem Augenblick.

Dieses Gefühl der Zeitlosigkeit wird man rund um Matera nicht mehr los. Tatsächlich ist Matera eine der ältesten Ansiedlungen auf italienischem Boden. In den Höhlen links und rechts des Tals lebten schon vor 20 000 Jahren Tausende von Menschen – eine Stadt in der Steinzeit!

I sassi, die Höhlensiedlungen, sind, wie gesagt, Anfang der Sechzigerjahre geräumt worden. Der italienische Staat bot Sozialwohnungen an, das heißt, die Bewohner unterschrieben einen Vertrag, in dem sie auf ihr Eigentum verzichteten, dafür bekamen sie eine moderne Bleibe in einem Neubauviertel. Nach und nach wurden *i Sassi* zu einem verrufenen Ort. Die leeren Wohnungen wurden aufgebrochen und geplündert, obwohl es kaum etwas gab, das mitzunehmen sich gelohnt hätte. Andere schafften jede Menge Abfall dorthin: ausrangierte Waschmaschinen, WC-Schüsseln, Mülltüten und so weiter. In den leeren Behausungen fand Unterschlupf, wer mit der Justiz auf Kriegsfuß stand: Drogendealer und -süchtige, der Mafioso, der sich vor der Polizei verstecken musste. Aber auch Studenten, die kein Geld oder keine Lust zum Studieren hatten und vom Aussteigen in fernen Weltregionen träumten, sich aber nicht trauten, die Heimat zu verlassen. Mit anderen Worten: Dante'sches Inferno 2.

Mein Jugendfreund Michele erzählte, die Eltern hätten ihre Kinder vor den gefährlichen *sassi* gewarnt. Jeglicher Besuch der Gegend war strengstens untersagt. Aber die Welt würde den Fortschritt nicht kennen, wenn Kinder ständig das tun würden, was die Eltern von ihnen verlangen. Der Reiz für Micheles Clique war zu groß. Mitten auf den *sassi* gab es zum Beispiel eine breite Ebene, auf der man Fußball spielen konnte. Ganz zu schweigen vom *nascondino*, dem Versteckspiel in den Höhlen.

Eines Tages machten einige Jugendliche eine seltsame Entdeckung: Sie stießen auf Knochen und Skelette. Bald fanden sich einige Mutige unter ihnen, die einen Schädel nahmen und zum Fußball umfunktionierten. Dass der olle Kopf aus dem Paläolithikum stammte, konnten die Kinder natürlich nicht ahnen. Kurz darauf wurde ein Medizinstudent auf die Funde aufmerksam. Er kam auf die makabre, aber ertragreiche Idee, die Knochen auszugraben und an seine Kommilitonen zu verkaufen. Die freuten sich, denn Knochenmodelle aus Kunststoff waren teuer. Der junge Mann fand nichts Schlimmes dabei, Skelette aus einem alten Friedhof zu verkaufen. Nur waren diese nicht 200, sondern 20 000 Jahre alt …

Ob das stimmt? Ich habe mich das oft gefragt. Mein süditalienischer Instinkt sagt mir, dass die Erinnerung sich beim wiederholten Nacherzählen verselbstständigt haben könnte, sodass meine Freunde, die damals noch Kinder waren, irgendwann felsenfest glaubten, die Geschichte genau so erlebt zu haben. Wie dem auch sei, dass in und um Matera die ältesten menschlichen Spuren Italiens gefunden wurden, stimmt jedenfalls. Oder fast. Eigentlich liegt Italiens ältester erhaltene Leichnam nicht in der Basilikata, sondern auf beziehungsweise in apulischem Boden: der Mann aus Altamura. Seit mindestens 200 000 Jahren ruht er unter der Erde, bedeckt von unzähligen Kalktropfen, die an winzige faule Zähne erinnern. Als an der Grenze zwischen Apulien und der Basilikata Elefanten, Hirsche und Büffel mit gigantischen Hörnern umherstapften, fiel dieser Mann in eine unterirdische Höhle. Vergeblich suchte er nach Rettung.

Kurz vor dem Ausgang blieb er schließlich wie im Zangengriff vom Stein gefangen. Forscher haben aus einem kleinen Knochenstück des Mannes DNA gewonnen und festgestellt, dass er einer unserer Vorfahren ist, ein *Homo sapiens sapiens*. Die unterirdische Grotte von Lamalunga ist aus konservatorischen Gründen nicht zur Besichtigung freigegeben, aber im archäologischen Museum in Altamura hat man sie nachgebaut.

Auch in Matera finden sich bedeutende Spuren der Urgeschichte. Eine davon liegt nicht unter der Erde, sondern noch im Kasten: das Skelett eines 15 Meter langen Walfischs, der 2006 am künstlichen See San Giuliano gefunden wurde. Die vermutlich eine Million Jahre alte Wirbelsäule und der Schädel wurden bisher in Kisten aufbewahrt, weil es für eine professionelle Präsentation noch an finanziellen Mitteln fehlt. Aber die Materaner gehen davon aus, dass sich das bald ändern wird. Vielleicht schon jetzt, während Sie vor dem archäologischen Museum Domenico Ridola stehen und überlegen, ob sich ein Besuch lohnt. (Nebenbei: Ja, er lohnt sich sehr!) Matera ist zur Kulturhauptstadt Europas 2019 erkoren worden. In die Bewerbung ist viel Geld investiert worden. Matera hat sich gegen gewichtige Mitbewerber durchgesetzt, einige der schönsten italienischen Städte – darunter Siena, Ravenna und Lecce – hatten das Nachsehen.

Das abstrakte Logo von Matera 2019 soll an die Höhlen und Kavernen erinnern. Von verschiedenen Aussichtsterrassen im Stadtzentrum aus blickt man auf eine karstige Bergwand, in der dunkle Löcher klaffen: die prähistorischen Grotten. Von der Altsteinzeit bis zur Bronze- und Eisenzeit war dieser Teil auf der nördlichen Seite der Schlucht bewohnt. Vermutlich sind die Menschen dann zur südlichen Seite gewechselt, die vorwiegend aus Tuffstein besteht. Hier sind im Lauf der Jahrhunderte zwei Stadtteile entstanden: der *Sasso Barisano,* so genannt, weil er nach Bari ausgerichtet ist, und der *Sasso Caveoso*, der einen raueren Charakter hat. Sobald man auf der Piazzetta vor der Basilika San Pietro Caveoso auch nur einen Augenblick stehen bleibt und den Blick über die gegenüberliegende Bergwand schweifen lässt, wird man sogleich von Fremdenführern angesprochen.

»*Una guida*? Möchten Sie eine Führung?« Die junge Frau ist vielleicht von meinem breitkrempigen gelben Sommerhut eingeschüchtert. Egal, ob Panama oder Mütze – Kopfbedeckung heißt in ganz Italien: ausländische Touristin. Stumm wedelt sie mit ein paar Faltblättern in meine Richtung. »Spanierin, Schweizerin … ahhh, Italienerin?« Sie mustert mich skeptisch, vielleicht nimmt sie es mir nicht ab. Ich greife nach den Prospekten und erfahre, dass ich die Wahl habe zwischen Spaziergängen durch die Stadt und Rundgängen in der Murgia Materana am Hang.

Seit 1990 ist diese Gegend ein Archäologischer Naturpark. Mit einer Fläche von circa 8000 Hektar erstreckt er sich in östlicher Richtung bis nach Apulien. Man muss sich Matera und seine Umgebung wie einen Canyon vorstellen. In der Mitte liegt ein zerklüftetes Tal mit dem Flussbett der Gravina, rechts und links erheben sich karstige Hügel – auf der einen Seite der Civita-Hügel, auf dem sich die Stadt ausgebreitet hat, auf der anderen die Murgia, ein Hochplateau.

Das Panorama aus dieser Perspektive sollte man sich keinesfalls entgehen lassen. Weiß und hellrosa glänzt Matera im Sonnenlicht. »*Mataios olos,* alles leer« nannten die alten Griechen diesen Ort. *Mata* oder *meta* heißt im Altgriechischen auch Höhe, Felsen. Einige Materaner behaupten gar, der Name ihrer Stadt stamme aus dem Japanischen: von Amateratsu, der Göttin des Sonnenlichts, die die Göttin der Nacht in einer Kaverne gefangen hielt. Ob diese Theorie haltbar ist oder ein bloßes Hirngespinst, weiß keiner so richtig. Mir gefällt sie, weil sie von Materas klarem und hellem Morgenlicht erzählt. Wenn die Sonne zu sehr blendet, blinzelt man, neigt den Kopf in Richtung Boden, und siehe da … kleine Fossilien. Eine weiße Muschel liegt – eingefasst wie ein kostbares Juwel – im grauen Felsboden.

Für die zweistündige Wanderung braucht man unbedingt festes Schuhwerk und eine Flasche Wasser. Nachdem ich das in dem Prospekt gelesen habe, schaue ich die junge Frau an und zeige verlegen auf meine abgenutzten Ballerinas. »*Mi dispiace,* bedaure. Ich habe die falschen Schuhe an.« – »Okay, kein Problem, *domani*?«, fragt sie. – Ich nicke, aber die *ragazza* hat sich schon abgewendet. Ich sehe ihren glatten dunklen Pferdeschwanz wippen, während sie sich einem holländischen Touristenpaar widmet.

Ich drehe mich um, und vor mir steht ein altes Dreirad oder, besser, ein schickes *ape piaggio* im Retrolook der Fünfzigerjahre: rote Karosserie und milchweiße Ledersitze. Am Steuer sitzt ein adretter junger Mann und lächelt mich an.

»*Un giro per i Sassi?* Auch die flotte Biene, das Logo des Ein-Mann-Unternehmens, lockt einladend. *Vorrei e non vorrei* … Soll ich oder nicht? Ich würde ja gern, aber ich war schon zigmal hier, habe die Casagrotta besichtigt, die Höhlenwohnung, in der der Alltag der armen Bauern – samt Einrichtung und Ausstattung – nachgestellt wird. »Danke«, sage ich und winke ab.

»Dann zeige ich Ihnen einen Ort, den Sie bestimmt nicht kennen. Es kostet ein bisschen mehr, aber es lohnt sich!«

Er streckt mir die Hand hin. »Angenehm, Paolo. Kommen Sie mit?«

Und schon sitze ich auf dem Ape Calessino, das die Via D'Addozio hinaufrattert. Im Vorbeifahren zeigt mir der hübsche *cicerone* Kirche XY und Kirche YZ, in der ein kostbarer Altar aus … Ja doch! Bald lassen wir das Stadtzentrum hinter uns und fahren in Richtung Peripherie.

»Sehen Sie die weißen Gebäude?«, fragt Paolo. *Le case popolari,* Sozialwohnungen. In diese Reihenhäuser wurden die Sassi-Bewohner umgesiedelt. Außerhalb ihrer gewohnten Umgebung wurden sie aber nicht glücklich, erzählt er weiter. Früher spielte sich ihr Leben auf der Straße ab, weil die Ein-Zimmer-Sasso-Wohnung viel zu klein war. Alle Höhen und Tiefen des Lebens teilte man mit den Nachbarn. Mit dem Umzug ging ihr familiärer Mikrokosmos zu Bruch. Einige sollen regelrecht unter Depressionen gelitten haben.

Ich kann mir das gut vorstellen. Und mir fällt dazu noch eine ganz andere Anekdote ein. Nach der Entstehung des neuen Viertels musste regelmäßig eine Klempnerkolonne ausrücken, weil die Rohre so oft verstopft waren. Die Badewanne – dieses unbekannte Objekt! – wurde als Latrine benutzt oder einfach als riesiger Kübel für Kräuter und Gemüse.

Immer steiler steigt die Straße an, wir befinden uns inzwischen hoch über der Schlucht. Die Umgebung wird ländlicher. Größere Häuser mit Garten tauchen auf, von hohen Mauern umgeben, ein Agriturismo, Feigenbäume, ein Kakteenwald. Kurz darauf halten wir. Zu beiden Seiten der Straße nur trockener Boden.

»Kommen Sie, *signora*!«, sagt Paolo, während er schon das Türchen des Fahrzeugs aufmacht. Ich folge ihm auf einem

Trampelpfad, der durch die struppige Vegetation ins Nichts zu führen scheint. Schon von diesem ausgedörrten Feld aus ist der Anblick gewaltig. Kein Horizont ist zu sehen, es gibt nur den massigen, Respekt einflößenden Berg. Und wir zwei winzige Gestalten zwischen dürren Sträuchern, auf dem Weg zu einem undefinierten Ziel.

Manchmal richtet Paolo den Zeigefinger auf eine holprige Stelle auf dem Boden, damit ich nicht stolpere. Der Pfad ist öde und unwegsam. Je weiter wir so zwischen steppenartigem Gesträuch hindurchlaufen, desto unwirklicher kommt mir die Situation vor. Vielleicht ist es der Wind, der den Duft von Thymian und wilden Kräutern mit sich trägt. Vielleicht auch die Sonne, die einen benommen macht. Jedenfalls, ich fühle mich, als wäre ich nicht ich. Ein Schmetterling flattert neben uns her. Mein Begleiter geht schweigend voran, in der Hand eine kleine türkisfarbene Mineralwasserflasche, wie es sie in Italien zu Hunderttausenden gibt. Plötzlich stört mich dies sehr, als ob dieses winzige Detail die ganz besondere Stimmung dieses Augenblicks zerstören könnte. Nach ca. 100 Metern knickt der Pfad nach rechts ab, wird abschüssig, führt zu einer Höhle. Man muss sich bücken und den Kopf einziehen. Ist dies die Tür der Zeitmaschine, habe ich sie nun betreten? Zikaden und Vögel singen, und der Wind, der sich in der Höhle fängt, erzählt von der unendlichen Ruhe, von den unzähligen Jahreszeiten, die hier seit Millionen Jahren vergangen sind und weiter vergehen werden.

»Signora, ich gehe zurück zum Auto. Lassen Sie sich Zeit.« Die Stimmung muss allein genossen werden. Eine Spinne webt ihr filigranes Netz heute wie vor Jahrtausenden. Und gäbe es nicht die doofen Graffiti an den Felswänden (Inschriften von Verliebten, »*I love you*«, »*auguroni-*

Glückwünsche«), die einen ins brachiale 21. Jahrhundert zurückholen, könnte man denken, man wäre in die Epoche der Höhlenmenschen zurückversetzt.

Auf dem Rückweg in die Stadt spricht keiner von uns. Paolo legt Musik von Adriano Celentano auf. »*Là dove c'era l'erba, c'è ora una cittàaa, e quella casa in mezzo al verde ormai dove saraaaaa* … Da, wo das Gras wuchs, ist jetzt eine Großstadt, und das kleine Haus im Grünen …« Also: *Fate presto!* Machen Sie schnell, kommen Sie bald hierher, um noch einen Hauch von Paläolithikum zu atmen, bevor die Horden von Verliebten und Ignoranten, Bauspekulanten und Tourismusmanagern den Ort völlig verhunzen!

»*Noooo*«, sagt am Abend Michele. »Du übertreibst!« Das werde nicht passieren, denn der Lukaner sei sehr langsam. Vor ca. 40 Jahren habe man in Matera und im apulischen Alberobello gleichzeitig beschlossen, sich dem Tourismus zu öffnen. Um Arbeitsplätze zu schaffen. Resultat: Alberobello ist mittlerweile so überlaufen, dass man dort nicht mehr hingehen kann, Matera hat sich gerettet. Der Materaner ist langsam, *lentissimo*. Während er noch darüber nachdachte, wie er das Ganze angehen solle, boomte Alberobello bereits. In Matera pflegt man einen *turismo ragionato*, einen überlegten Tourismus, davon ist Michele überzeugt.

Ein Blick auf die geologische Beschaffenheit dieser Naturlandschaft gibt sofort Aufschluss über die Mentalität und den Charakter der Menschen: 70 Prozent der Basilikata bestehen aus Bergen, 20 Prozent aus Hügelland. Mit großer Mühe haben die Menschen es geschafft, hier Häuser zu bauen. In die Felsen wurden Löcher gehauen. Und die Löcher wurden zu Häusern und Kirchen: *i Sassi*. Aber mit welcher Mühe! Das prägt die Mentalität. Den Lukanern sagt man große Ausdauer nach.

»Stell dir ein Grundstück voller Steine vor«, sagt Michele. »Dort wächst nichts. Und es kann dort auch nichts wachsen. Ein Lukaner kommt und fängt an, die Erde zu beackern. Er bringt die Steine weg. Aus ihnen baut er sich ein Haus und arbeitet so lange, bis aus dem trockenen Grund ein Garten geworden ist.«

Wir führen dieses Gespräch in einem Restaurant in der Nähe der Piazza del Sedile. Dazu essen wir *la cialledda*, einen Brotsalat, der im Sommer sehr erfrischend ist, mit kleinen Tomaten, Gurken – in der Basilikata heißen sie *Caroselli* – und roten Zwiebeln. Ein kurzer kulinarischer Streifzug zwischendurch: Die lukanische Gurke hat eher Ähnlichkeit mit der Melone als mit der herkömmlichen Salatgurke. Ihre Verwandtschaft mit den Kürbisgewächsen erkennt man an der länglichen bis zylindrischen Form und der hellgrünen, manchmal auch gestreiften Schale. Die Schale ist weniger derb, das Fruchtfleisch süßlicher, fast wie das von jungen Zucchini.

Wie oft, wenn die Abendstunde vollkommen ist, die Luft so sanft und die Gesellschaft so unterhaltsam, dringt plötzlich ein lästiger Klingelton ans Ohr. Eine SMS landet auf dem Handy von Fernanda, Micheles Frau. Sie blickt kurz darauf, und ein Lächeln erscheint auf ihrem Gesicht. Michele schaut sie fragend an. »*Domani mattina?*«

Morgen wird Fernandas Wecker um 5:58 Uhr klingeln. Meiner übrigens auch … Eigentlich bin ich als Morgenmuffel bekannt, aber für Matera mache ich gern eine Ausnahme. Gerade mal zehn Minuten Zeit, um sich anzuziehen und einen Schluck Kaffee zu trinken. Um 6:10 Uhr ist Treffpunkt vor Fernandas Haustür. Ich bin auch da. Körperlich zumindest. Mit ein paar Gleichgesinnten laufen wir durch die *Sassi*: von der Via San Biagio, *giù, giù,* bis zur Kirche Madonna delle Virtù in einem großen Kreis, der über die Piazza San Pietro Caveoso, vorbei an der Casa Museo dei Sassi und den Felsenkirchen führt. Im weißgoldenen Licht des lukanischen Morgens erstrahlt die Kathedrale. Nach dem gestrigen Spaziergang in die prähistorische Grotte erlebe ich nun einen weiteren großartigen Augenblick.

I Sassi sind menschenleer und unbeschreiblich still. Aber … es bleibt keine Zeit zum Verweilen. Fröhlich traben meine Freunde in ihren Joggingschuhen weiter (Fernanda musste mir übrigens ein Paar leihen). Sie haben es eilig. Bis zum Frühstück, das an diesem Tag ausnahmsweise in einer Bar eingenommen wird, ist es noch weit. Und um acht wollen sie schon im Büro sein. Immer wieder drehen sie sich nach mir um und fragen besorgt: »Kannst du noch?«

Also weiter: durch Treppchen und Gässchen, an Kübeln mit Lavendel- und Rosmarinbüschen vorbei, an den Katzen, die in einer Ecke oder einem Blumentopf schlummern und nicht ahnen, dass sie an einem der schönsten Orte Italiens leben. Und dann wieder bergan, durch ein holpriges Sträßchen in Richtung Palazzo Lanfranchi. Endlich lasse ich mich auf der kleinen Terrasse des Caffè Pascoli in einen Stuhl sinken, während meine Freunde am Tresen die Bestellung aufgeben. Inzwischen ist es 7:30 Uhr, die Terrasse ist noch menschenleer. Tagsüber und abends dagegen ist sie sehr begehrt. Nur zwei Tische stehen hier, und das Panorama auf die Felsenstadt ist einfach überwältigend. Fernanda setzt sich neben mich und ruft aus: »Toll, den Tag so anzufangen! Solange du das nicht gesehen hast, weißt du nicht, was Matera ist!«

Filmkulisse Pasolini & Co.

PPP alias Pier Paolo Pasolini ist neben Levi die zweite Koryphäe, deren Name untrennbar mit Matera verbunden ist. Sommer 1963: Der sanfte, aber umstrittene Regisseur unternimmt eine Recherchereise nach Israel und Jordanien; er sucht nach geeigneten Drehorten für die Verfilmung des Matthäusevangeliums. Nach zehn Tagen fliegt er nach Rom zurück – mit sechs Rollen Filmmaterial und einer herben Enttäuschung. Zu modern und industriell erscheint ihm das Gelobte Land. Für sein Projekt sucht er nach einer Gegend, die »dem bürgerlichen Geist« widerspricht. Durch Freunde hört der Künstler, der aus dem norditalienischen Friaul stammt, von Matera. Regisseur Alberto Lattuada hatte *Die Wölfin* hier verfilmt, eine Novelle des Sizilianers Giovanni Verga (1840–1922). Der römische Schriftsteller Alberto Moravia hatte am Drehbuch mitgewirkt und schwärmte Pasolini von der kargen Schönheit dieses Ortes vor.

Zu dieser Zeit wurden in Matera die Höhlenwohnungen nach und nach geräumt. Aber gerade das, was Ministerpräsident Alcide De Gasperi als »Italiens Schande« gebrandmarkt hatte, das Viertel der Felsenwohnungen, das Ghetto, in dem sozial Schwache und Landarbeiter wohnten, interessierte Pasolini überaus. Im Lukanien der Sechzigerjahre fand er die elendarme und antibürgerliche Welt vor, nach der er so lange gesucht hatte. Vormoderne Gestalten mit – so Pasolini – präindustriellen Gesichtszügen, die als Komparsen perfekt in sein Filmkonzept passten. Sie sollten wirken, als befänden sie sich »außerhalb eines historischen Bewusstseins«.

Der sensible innere Seismograf des Regisseurs registrierte auf Anhieb die sonderbare Aura, die von der Landschaft der Basilikata ausgeht. Er wusste sofort: Hier konnte seine »ganze Sehnsucht nach dem Mythischen, nach dem Epischen, nach dem Tragischen« gestillt werden. Um sich vorzustellen, was in Pasolinis Kopf vorging, sollte man bei Nacht einen Blick auf die kahle Bergwand gegenüber dem Viertel Sasso Caveoso werfen. Geheimnisvoll und erhaben wirkt der Berg vor dem schwarzen Himmel, bedrohlich und heilig zugleich. Fast erwartet man, dass Moses mit den Zehn Geboten um die Ecke kommt. Und wenn dann noch ein Gewitter über Matera wütet, spürt man mit jeder Pore, wie unnahbar und Respekt einflößend diese Landschaft ist. Der Wind heult zwischen den Felsen, während über der Bergwand ununterbrochen Blitze zucken. Sogar die Katzen sitzen aufrecht in wacher Haltung, beide Öhrchen aufgestellt.

Ich schaue zu den finsteren Höhlen hinüber. In der christlichen Ikonografie stehen sie traditionell für das Böse: der dunkle Eingang zur Hölle. Aber ausgerechnet in dieses pechschwarze Loch dringt plötzlich das Licht Gottes, das den Menschen trösten und retten soll. Nicht zufällig wurden die lukanischen Grotten bereits in frühchristlichen Zeiten zu Andachtskapellen umfunktioniert. Hier fanden die Christen Zuflucht vor den byzantinischen Verfolgungen. Hier wohnten auch die Basilianer, aus Armenien kommende Mönche, die ihr neues altes Leben zwischen spitzen Erdhügeln und rauen Felsen fortsetzten, als wären sie noch in ihrer Heimat. Unzählig sind die Grotten, in denen Heilige, Madonnen und Märtyrer heute noch verehrt werden: Santa Maria de Idris und San Giovanni in Monterrone, Santa Lucia delle Malve. Wunderschön ist die Krypta der Erbsünde etwas außerhalb von Matera. Ihre Fresken mit bunten Blumen und schlichten Antlitzen, die eher Bauern als Heiligen ähneln, sprechen von der Liebe zu Gott – und von der Furcht vor ihm.

Pier Paolo Pasolini entdeckte im Herz Süditaliens einen dichten Kosmos an kulturellen Symbolen und schrieb im zeitlosen Matera Filmgeschichte. Neben den Komparsen, die vor Ort rekrutiert wurden, nahmen auch Freunde des Regisseurs als Laiendarsteller an der Filmproduktion teil: der Literaturkritiker Enzo Siciliano, der Philosoph Giorgio Agamben, die Turiner Autorin Natalia Ginzburg – übrigens auch eine gute Freundin von Carlo Levi. Mit einem Wort: die Crème de la Crème der italienischen Künstlerszene. Während Pasolinis Mutter Susanna die Rolle der Maria spielte.

Als der in Schwarz-Weiß gedrehte Film 1964 bei den Filmfestspielen in Venedig uraufgeführt wurde, kam es zum Eklat. Die Ovationen wurden von mehreren mit Trillerpfeifen ausgerüsteten Faschistengruppen gestört. Man verzieh Pasolini nicht, dass er Jesus als Rebellen und Provokateur darstellte, dabei hatte er sich streng an die Vorlage gehalten: das Matthäusevangelium. Sein Film polarisierte: Einerseits hagelte es vehemente Kritik seitens der Konservativen wie der Linken, andererseits gab es mehrere Oscar-Nominierungen. Und minutenlang anhaltenden Beifall, zum Beispiel bei der Vorführung im Vatikan (Pasolini widmete den Film »dem teuren, heiteren, vertrauten Schatten« von Papst Johannes XXIII.).

Nach Pasolini hat Mel Gibson die Basilikata als Filmkulisse erschlossen. Auch ihm erschien die Landschaft dieser Region so archaisch wie Palästina um das Jahr 30. Erneut wurden zwischen Matera und dem verlassenen Dorf Craco

Christi Leidensweg und Kreuzigung nachgestellt. Auch Gibsons Film war höchst umstritten – vor allem wegen der ausgiebigen Gewalt- und Folterszenen. Laut Guinness-Buch der Rekorde (Ausgabe 2006) ist *Passion* aber der erfolgreichste Bibelfilm aller Zeiten. Seitdem wird die Basilikata immer wieder als Kulisse für historische Filme gewählt. Apulien ist nicht mehr allein das neue Mekka der Regisseure – mittlerweile macht die kleine Schwester ihm Konkurrenz.

Vor Kurzem wurde eine Lucania Film Commission ins Leben gerufen – entsprechend der Apulia Film Commission –, die italienische wie ausländische Regisseure mit Zuschüssen und Logistik unterstützt. So kann es zum Beispiel durchaus vorkommen, dass die Hotels im Stadtzentrum von Matera ausgebucht sind, weil sich ein 400-köpfiges amerikanisches Filmteam zwischen *Sassi* und Stadtzentrum einquartiert hat und einen Streifen über die Kindheit Jesu dreht. Und während ich diese Zeilen schreibe, bereitet Hollywood gerade eine Neuverfilmung von *Ben Hur* vor. Schauplatz: natürlich Matera. Selbstverständlich ist es wunderbar, dass große Filmproduktionen nach Süditalien kommen. Die Wirtschaft wird angekurbelt, junge Leute finden Arbeit und Motivation. Die Basilikata erfreut sich unter Kulturschaffenden zunehmender Beliebtheit. Aber ist Ihnen bei den hier erwähnten Beispielen auch aufgefallen, *wie* die Basilikata wahrgenommen wird? Sie wird gefilmt und bleibt dennoch unsichtbar, weil sie als das Palästina am Anfang unserer Zeitrechnung gesehen wird. Sogar von mir.

Wenn man den wahren Geist der Basilikata in einem Film sucht, dann sollte man sich unbedingt Rocco Papaleos *Basilicata Coast to Coast* (2010) anschauen. Ein großartiges süditalienisches Roadmovie: Ein paar Freunde kommen auf die Idee, eine Wanderung vom Tyrrhenischen bis zum Ionischen Meer zu unternehmen. Zu Fuß und auf einem Pferdekarren geht die Reise durch alte Dörfer, über Hügel und Berge bis Scanzano Jonico. Die fünf Reisenden entdecken staunend die Schönheit der Natur und die kulinarischen Höhepunkte ihrer Heimat. Mittlerweile bieten nicht wenige Reiseveranstalter diese Wanderung zur Nachahmung an.

Neulich bekam ich einen unerwarteten Anruf aus Matera.

»Siziliens Mafia verfolgt mich«, flüsterte eine raue, aber irgendwie vertraute Stimme.

»Michele?«, fragte ich unsicher.

Mein Freund wollte mich nicht nur auf den Arm nehmen, sondern auch von einem schönen Erfolg erzählen. Ihm war es gelungen, eine chinesisch-italienische Filmproduktion für seine Heimatstadt zu begeistern. Ausnahmsweise keine Bibel-, sondern eine Liebesgeschichte. Ursprünglich hatte die chinesische Seite mit der größten Mittelmeerinsel als Drehort geliebäugelt, doch dann war die Wahl auf die Basilikata gefallen. Deswegen, meinte Michele, hätten die Sizilianer ihn jetzt auf dem Kieker.

Was mag der berühmteste Sohn der Region, Francis Ford Coppola, davon halten, dass nun sogar das Reich der Mitte solches Interesse an der Basilikata zeigt? Die Coppolas, die aus dem Städtchen Bernalda stammen, haben sich eine intensive Bindung an ihre Heimat bewahrt. 2014 hat der US-Regisseur tief in die Tasche gegriffen und in Bernalda das luxuriöse Hotel *Palazzo Margherita* eröffnet, in dem auch die Hochzeit seiner Tochter Sophia gefeiert wurde. Eine Übernachtung in einer der Suiten kostet fast ein Professorenmonatsgehalt. Für chinesische Magnaten ein Schnäppchen. Mittlerweile wird der chinesische Wirtschaftsattaché fast jede Woche hier gesichtet, weil auch Multimillionäre aus Singapur oder Hongkong hier Urlaub machen. Einige der Superreichen sind übrigens verwundert, wenn sie sehen, dass die Lukaner essen, was in ihrem Gemüsegarten wächst. »Was? Rucola kommt nicht aus der Plastiktüte, sondern aus dem Boden?« Man munkelt auch, dass die Köstlichkeiten der Region – *il peperone crusco, il caciocavallo della mucca podolica, i lampascioni* (siehe *Outtakes*) – die Wahl Materas zur Kulturhauptstadt beschleunigt hätten. Den Entscheidungsträgern von der EU-Kommission wurden nicht nur die schönsten Orte der Basilikata gezeigt und zukunftsträchtige Projekte vorgestellt. Sie sind auch von Privatleuten zum Mittagessen eingeladen worden. Liebe geht nun mal durch den Magen.

Zum Schluss eine spannende Geschichte aus der Wirklichkeit. Der junge Filmemacher Giovanni Rosa hat dokumentiert, wie leichtsinnig in der Vergangenheit mit der Basilikata umgegangen wurde. Man schrieb das Jahr 1961. Viele der *chiese rupestri,* der kunstvoll ausgemalten Felsenkirchen, waren noch nicht im Register der italienischen Baudenkmäler verzeichnet. Nicht nur waren sie jederzeit offen zugänglich und ohne jegliche Aufsicht. Einige von ihnen wurden auch von Hirten als Ställe für ihre Schafherden genutzt. So kam der Kunstlehrer Rudolf Kubesch aus Fulda auf den Gedanken, ein paar Fresken als Souvenir mit nach Hause zu nehmen. Mithilfe von zweien seiner Schüler riss er einige der kostbaren byzantinischen Malereien buchstäblich von den Wänden und fuhr in die Heimat zurück.

Glücklicherweise entdeckte Raffaello De Ruggieri, der sich heute als Vorsitzender der Kulturstiftung »Zeterna« für den Erhalt des kulturellen Erbes seiner Region starkmacht, den Kunstraub aus der Felsenkirche »Madonna delle tre porte«. Die Polizei stellte bald fest, dass noch in weiteren Felsenkirchen der Umgebung Fresken fehlten. Insgesamt wurden 17 Stück gestohlen. Ein Zeuge erklärte, einen roten VW mit deutschem Kennzeichen in der Nähe gesehen zu haben. Nach einiger Zeit kam Interpol auf Kubesch. In seinem Haus wurden etliche Fragmente der Wandmalereien entdeckt. Größtenteils konnten die Werke sichergestellt und an Matera zurückgegeben werden: mehrere Madonnen mit Kind, Johannes der Täufer und der Erzengel Gabriel aus dem 12. Jahrhundert. Von anderen Fresken aber fehlte jede Spur. Da Interpol bei der Hausdurchsuchung auch mehrere unkenntlich gewordene Bruchstücke gefunden hatte, vermuteten die Ermittler, dass diese beim Diebstahl unwiederbringlich zerstört wurden. Erst 2010 spürte ein ehemaliger Schüler Kubeschs, Friedrich Sernetz, nach langen Recherchen eine der altehrwürdigen Fresken in einer privaten Sammlung auf. Der ahnungslose Besitzer, der das schöne Stück bei einem Antiquitätenhändler gekauft hatte, gab es dem italienischen Staat sofort zurück. Und nun wartet das Antlitz eines bärtigen Mönchs in der zweiten Etage im Palazzo Lanfranchi auf Besucher.

Matera 2 oder Basilicon Valley

Ist Ihnen die »Area 8« ein Begriff? Auch Sie besitzen eine. Und zwar im Kopf. Dieser Bereich des Großhirns steuert das frontale Augenfeld. Vereinfacht gesagt, ist er für die Kreativität zuständig. Diese streng wissenschaftliche Bezeichnung hat die Südafrikanerin Mikaela Bandini gewählt, um ihre Tätigkeit zu definieren. Mikaela lebt seit 20 Jahren in Matera und hat eine Einrichtung gegründet, die man mit herkömmlichen Kategorien nur schwer beschreiben kann. Einerseits ein Büro, das sie sich mit anderen teilt, andererseits ein Theater mit klappbaren Kinosesseln, eine Residenz für Künstler und eine aparte Bar. Und das alles mitten im Zentrum, direkt hinter dem Palazzo Lanfranchi und über dem Tal der Sassi. An diesem Ort können Kreative einen Schreibtisch mieten, um neben Künstlerkollegen zu arbeiten oder einfach in stillvollem Ambiente nachzudenken. Das 500 Quadratmeter große Erdgeschoss besticht durch erlesene Details. Mitten im Raum stehen massive Auslagetische – wie es sie etwa in der Belle Époque in Uhrengeschäften gab. Mikaela hat sie bei Trödlern gefunden und aufpeppen lassen, und nun machen sie mit ihren grünlich schimmernden Glasplatten eine fabelhafte Figur auf dem honigfarbenen Eichenfußboden. Über das Ganze wölben sich kuppelartige Decken, die Klinker in Zartbeige sind aus dem gleichen Stein wie die Felsenwohnungen. Die Einrichtung ist eine Mischung aus Antikem und Modernem, Design und Selbstgebasteltem. Von den Büroräumlichkeiten gelangt der Besucher in eine schlichte, elegante Künstlerwohnung. Dies ist ein *non-hotel*: Man kann es nicht einfach buchen, sondern muss von Mikaela eingeladen werden. Statt Bargeld erwartet sie von ihren Gästen, meist Fotografen oder Filmemacher, kreativen Austausch: die Bereitschaft, eine Idee zu hinterlassen.

Hauptberuflich ist Bandini mit ihrer Tourismusmarketingfirma Can't Forget Italy tätig. Von Matera aus arbeitet ihr fünfköpfiges Frauenteam im Auftrag von norditalienischen Gemeinden und macht viele schöne Ecken Italiens durch Kurzfilme bekannt. »Nano-Videos« hat Bandini sie getauft: Sie sind nicht länger als 15 Sekunden, eigens für die Kommunikation via Twitter oder andere Social Media konzipiert. Ca. 60 Künstler aus verschiedenen Ländern arbeiten mittlerweile für die Firma. Eine Media-Agentur und ein Kulturzentrum, wie man sie in New York, Mailand oder in Berlin erwarten würde. Nur ist hier nicht irgendwo: Wir befinden uns im *Basilicon Valley*, im Tal der neuen Ideen. Eine große Anzahl an spannenden Projekten, die zwischen 2014 und 2016 realisiert werden sollen, wartet nur darauf, entdeckt zu werden.

Von Kindesbeinen an wird ein Lukaner mit dem typisch süditalienischen Lamento überschüttet. Eine ganze Gesellschaft wiederholt es ununterbrochen: *Wasmachtihrnochhier?* Worauf wartet ihr? Die Basilikata kennt doch keiner. Besser ist es zu emigrieren! *Fujitevenne*, schrieb der berühmte Theatermacher Eduardo De Filippo. Koffer packen und wegziehen. *E invece* ... im Gegenteil: Entgegen diesem Trend wollen Jungunternehmer und Kreative in ihrer Heimat bleiben und innovative Konzepte realisieren. Einige von ihnen haben zunächst im Ausland berufliche Erfahrungen gesammelt und möchten nun ihre Kompetenzen in Matera einsetzen. Für eine bessere Zukunft. So haben sich ein Architekt und ein Programmierer zusammengetan und eine App fürs Smartphone kreiert, mit der die Einwohner das Bürgeramt auf unsaubere Plätze oder Straßen hinweisen können: *Matera pulita,* sauberes Matera. Auf der Webseite kann man verfolgen, wie schnell die Stadt dem Tipp nachgeht. Mittlerweile soll die Stadtreinigung die Aufgabe innerhalb von 24 Stunden erledigen. Außerdem kann man mit der App einen Abholdienst für Sondermüll bestellen oder die Richtlinien für die Mülltrennung herunterladen.

Das Konzept ist mit dem Preis »smart city« für »besseres und nachhaltiges Leben in der Stadt« ausgezeichnet worden.

Künstler aus verschiedenen Ländern haben mit Bedacht »die älteste Stadt Italiens« ausgewählt, um ein neues Modell der Arbeit nach uralten Vorbildern zu auszuprobieren: »unMonastery«. Inspiriert durch das Konzept der Benedektiner aus dem 9. Jahrhundert, suchen sie nach neuartigen Arbeitsformen für die Zukunft. *Ora et labora* – das heißt, gleichzeitig etwas Sinnvolles für sich und für die Gesellschaft zu schaffen. So wie Mikaela Bandini ein *non-hotel* betreibt, verstehen sich die Mitglieder dieser neuen Gemeinde als »Nicht-Mönche«. Ihr Vorhaben: Geld verdienen *und* ein glückliches Familienleben führen. Statt sich allein durchzukämpfen, mit Gleichgesinnten Ideen austauschen, gemeinsam Auftraggeber suchen und an Projekten arbeiten. Und: dort leben, wo man sich zu Hause fühlt, und nicht da, wo der Arbeitsmarkt einen hinverschlägt. Aus den eigenen Ressourcen schöpfen.

Das versucht auch ein weiteres Start-up-Unternehmen in Matera: Casa Netural bietet witzige Sprachkurse für Italienisch und Englisch (netural talks), bei denen man die Sprachen spielend lernt. Weg mit Schultischen und harten Stühlen, stattdessen Sofas, Sessel und Kochkunst. Oder man bucht »anthropologische Spaziergänge« durch die Wälder des lukanischen Appenin, bei denen man Menschen und Traditionen aus klitzekleinen Dörfern kennenlernt. Am Abend sitzt man dann in einem einsamen Weiler in den Bergen, umhüllt von absoluter Stille und Dunkelheit. Und die Milchstraße scheint zum Greifen nah.

Aber nicht nur junge Menschen realisieren nachhaltige Projekte. Antonio La Cava, ein pensionierter Grundschullehrer, hat aus einem alten *Ape* (dieser knatternden Mischung aus Mofa und Lastwagen) eine fahrende Bibliothek gemacht. *Il Bibliomotocarro*, ein türkisfarbenes Häuschen auf Rädern mit Kamin und schiefem Dach, reist zwischen Bergen und Hügeln in die abgelegenen Orte der Region und leiht kostenlos Kinderbücher aus. Bisher hat »Tonino«, wie er von allen liebevoll genannt wird, 83 000 Kilometer zurückgelegt.

Angelo wiederum hat den Masterstudiengang »Tourismus und Baudenkmäler« absolviert. Nach dem Studium fand er sofort Arbeit – allerdings im toskanischen Orbetello, wo er als Fremdenführer in der archäologischen Stätte der etruskischen Gräber arbeitete. Der Ort war großartig, der Job gut bezahlt, aber eine Frage nagte an ihm: »Ich bin Lukaner und muss von den Etruskern erzählen?« Er kündigte, ging in die Basilikata zurück und gründete eine *cooperativa* mit dem erklärten Ziel, Kindern und Jugendlichen die Geschichte ihres Ortes näherzubringen. Damit diese nicht in Vergessenheit gerät und sogar Arbeitsplätze entstehen.

So führt er nun – mit einigen anderen jungen Kunsthistorikern – interessierte Besucher durch das Benediktinerkloster von Montescaglioso. »Die Abtei war im Mittelalter auf Dokumentenfälschung spezialisiert und verdiente offenbar nicht schlecht daran«, erzählt Angelo mit sichtlichem Vergnügen. Während der Führung gesellen sich zwei achtjährige Buben zu uns. Einer dünn und verschmitzt, der andere pummelig und schüchtern. Egal, was unser *cicerone* erklärt, sie müssen es berühren: die Steine einer Grabstätte aus römischer Zeit, die unter dem Fußboden eines Raums freigelegt wurde, oder den Fries eines Brunnens im Klostergarten. Eigentlich würden die Kinder alles schon in- und auswendig kennen, flüstert unser Führer, aber es mache ihnen so großen Spaß, in der Abtei unterwegs zu sein. Angelo glaubt fest daran: Die Zukunft gehört den Kindern, und er will ihnen die Potenziale ihrer Heimat zeigen, damit sie als Erwachsene nicht wegen der Jobsuche emigrieren müssen.

Briganten

Wenn man in Apulien und der Basilikata unterwegs ist, erspäht man manchmal am Straßenrand in dem Blechwald von Verkehrs- und Hinweisschildern auch Werbeflächen, die für eine »Grotte der Briganten« werben, einen »Räuberwald« oder gar den »Schatz des Briganten«. Der edle Outlaw, der im Namen der Gerechtigkeit auf der Seite der elenden Bauern kämpfte, war oft auch Gesprächsstoff in meiner Familie. Immer wenn es darum ging, stöhnte ich: »Papa, bitte nicht schon wieder diese alten Geschichten!«

Mein Vater erzählt gern Legenden aus Süditalien und Familienanekdoten in einem Aufwasch. Zum Beispiel die von seiner Urgroßmutter, die auf einem Bauerndorf in der Basilikata lebte. Eigentlich hat mein Vater sie nie kennengelernt, aber er kann von ihr erzählen, als hätte er sie gestern erst gesehen. Besagte Carolina arbeitete in der Gaststätte ihrer Familie. Sie war nicht nur auffallend schön, sondern vor allem schlau und unglaublich stark. »In etwa vergleichbar mit der jungen Sophia Loren«, sagt *papà*.

An dieser Stelle schaltet sich normalerweise meine Mutter ein und meint schnippisch, mein Vater habe schon immer eine große Erfindungsgabe gehabt.

Als die Piemontesen 1861 Süditalien annektierten – eigentlich sagte mein Vater »besetzten« –, mussten alle Wirte eine neue Steuer auf Essen und Wein zahlen. Eines Tages wurde die Urgroßmutter von piemontesischen Soldaten angehalten, als sie zwei volle Weinfässer vom nahe gelegenen Depot ins Familienlokal bringen wollte. »Signorina, was ist in den Fässern?« – »Ach nichts«, soll sie gesagt haben. »Sie sind leer, ich habe sie bloß am Brunnen gespült.« Zum Beweis hob Carolina die vollen Fässer in die Höhe, als wären sie aus Papier, klimperte unschuldig mit den Wimpern und durfte die Kontrolle passieren.

Bei solchen Gesprächen am Mittagstisch spielte sich immer die gleiche Szene ab: Nach der Freude über die gelungene Täuschung hob mein Vater zu einer Tirade gegen das Haus Savoyen an, das Süditalien mit brutalen Methoden kolonisiert habe. Die Bauern lehnten sich dagegen auf, und der »sogenannte italienische Staat« (O-Ton Papa) ließ sie in Lager sperren oder gleich erschießen, donnerte mein Vater im Rausch seiner sozialistischen Ideale.

»Francesco, jetzt ist aber wirklich Schluss!«, fauchte die Mama. Das seien doch nur Phantasien, um die Rückschrittlichkeit, die Antriebslosigkeit, mit einem Wort die süditalienische Frage – *la questione meridionale* – zu rechtfertigen.

Als ich Elena aus Casarano kennenlernte, musste ich wieder an all das denken. Ich weiß nicht, inwieweit in Deutschland bekannt ist, dass im 19. Jahrhundert die italienische Einheit unter Einsatz vieler Soldaten vollzogen – oder, je nach Lesart, erzwungen – wurde. 120 000 norditalienische Uniformierte waren im Einsatz. Bis 1865 war Süditalien von der piemontesischen Armee besetzt. Als die Bauern ihre Hoffnungen auf eine Landreform enttäuscht sahen und darüber hinaus auch noch hohe Steuerauflagen bekamen, wuchs in Apulien, in der Basilikata, in Kampanien, Kalabrien, Sizilien und sogar in den Abruzzen eine Protestbewegung heran: das *brigantaggio.* Diese Briganten waren eine bunt gemischte Guerillatruppe aus Bauern, Tagelöhnern, ehemaligen Soldaten des aufgelösten bourbonischen Heers und auch regelrechten Banditen und Ganoven.

Man kann sich vorstellen, wie verblüfft ich war, als Vito, Elenas Ehemann, sagte: »Du hast eine echte Brigantin vor dir«, während Elena die Fahne des Königreichs beider Sizilien schwenkte. Eigentlich mag ich Folklore nicht. Und eine noch stärkere Abneigung empfinde ich gegen nostalgische Rückblenden ins Gestern, das angeblich besser war als das Heute. Das Gespräch mit Elena aber beeindruckte mich zutiefst. Wie ich schon erzählt habe, entwirft Elena Münzen. Während ich mir in ihrem Büro ihre Kreationen anschaute, ging sie ins Hinterzimmer, um verschiedene Bücher über die Geschichte Süditaliens zu holen. In einem entdeckte ich Fotografien der hübschen Brigantin Michelina De Cesare. Mit 27 Jahren wurde sie festgenommen und zum Tode verurteilt; vor der Vollstreckung des Urteils wurde sie von den Soldaten mehrfach vergewaltigt und dann nackt und abscheulich misshandelt öffentlich zur Schau gestellt.

Sowohl in der Basilikata als auch in Apulien sind das Brigantenwesen und die unbefriedigend vollzogene italienische Einheit ein geläufiges Thema. Und oft klingt es ungefähr so wie damals aus dem Munde meines Vaters. Der piemontesische, ab 1861 italienische Staat war nahezu bankrott. Also wurden die Steuern erhöht und sogar neue erfunden. »Einen traurigen Höhepunkt erreichten diese Steuerphantasien mit der Einführung der Mahlsteuer, die im Volksmund nur ›Hungersteuer‹ hieß«, schreibt die Historikerin Friederike Hausmann. Auf diese unfaire Abgabe bezog sich auch die Erzählung meines Vaters.

Ein Buch legte Elena mir besonders ans Herz: *Terroni* von dem Journalisten Pino Aprile. Bereits der Titel ist Programm – das Schimpfwort der Norditaliener für die »Stinkbauern« aus dem Süden. Das Pamphlet, das 2011 anlässlich der 150-Jahr-Feier der italienischen Einheit erschien, ist ein explosives *J'accuse* gegen das Haus Piemont-Savoyen und den grausamen Blutzoll in Unteritalien. »Ich wusste nicht, dass sich die Piemontesen im Süden wie Nazis benommen hatten. Nicht nur einmal. Jahrelang. Auch wusste ich nicht, dass sie Dörfer in Antiterroraktionen ausrotteten wie die Marines im Irak. Ich wusste nicht, dass es Massenvergewaltigungen gab …« Bereits der Auftakt lässt den reißerischen Ton des Bestsellers erahnen, der sich 2011 über 250 000-mal verkaufte. Apriles Buch ist äußerst umstritten. Geschichtswissenschaftler werfen ihm Populismus vor; sie verweisen – um nur ein Beispiel zu nennen – darauf, dass sich bereits 1861 kritische Stimmen im Piemont gegen die gewaltsamen Methoden der Vereinigung von Nord- und Süditalien erhoben haben. Aber Pino Aprile hat mit seiner polemischen Argumentationsweise einen Nerv getroffen.

»Eine ungestillte Sehnsucht«, erklärt die Historikerin Renata De Lorenzo. In der Geschichtsschreibung ist es eine anerkannte Tatsache, dass der Süden vernachlässigt wurde. Die Piemonteser wurden damals als Fremdherrscher angesehen, genauso wie Jahrhunderte vor ihnen die Araber, die Normannen, die Aragoneser, die Anjou und die Spanier. Zwei Völker standen einander gegenüber und konnten sich nicht verständigen. Die einen sprachen irgendeinen süditalienischen Dialekt, die anderen Piemontesisch und Lombardisch. Oft wussten die Leute in Süditalien nicht einmal, was ihnen vorgeworfen wurde, weil sie die Sprache der Anklage – wenn es überhaupt eine gab – nicht verstanden. Manche Forscher sehen in den Räubern, die im 19. Jahrhundert Süditalien durch Plünderungen und Verwüstungen terrorisierten, die Vorgänger heutiger mafiöser Strukturen. Nicht alle Briganten waren Robin Hood. Sie plünderten Häuser und töteten Menschen auf der Durchreise. Um »die vielen Gesichter Italiens« zu verstehen, empfehle ich das Buch *Italien* von Friederike Hausmann. Für fortgeschrittene Leser: Aufschlussreiche Informationen findet man bei Eric Hobsbawns *Sozialrebellen. Archaische Sozialbewegungen im 19. und 20. Jahrhundert*. Kennern der italienischen Sprache lege ich *L'Italia è* von Maria Marcella Rizzo ans Herz, und wer sich für das Thema Briganten literarisch interessiert, dem sei Raffaele Nigros historischer Roman *Die Feuer am Basento* empfohlen.

Anlässlich des 150. Jahrestages der Einheit Italiens haben einige Menschen aus Süditalien – unter anderem meine Freundin Elena – in einer Petition den Staatspräsidenten Napolitano gebeten, bei den Feierlichkeiten auch die Opfer der Einheit zu würdigen, jene Italienerinnen und Italiener, die ohne Prozess zum Tode verurteilt wurden. Napolitano hat sich dazu nie geäußert. Es bestürzt einen, dass im Museum Lombroso in Turin noch heute Skelette und Schädel von Briganten ausgestellt werden. Bevor Rom 1870 Hauptstadt wurde, war die Zentralregierung dort untergebracht. Und dorthin brachte man nicht nur die Festgenommenen – angeblich zu Hunderttausenden –, sondern auch die Leichen der Briganten, die meist während der Kämpfe geköpft wurden. Sie sollten der »wissenschaftlichen« Forschung eines Cesare Lombroso (1835–1909) dienen. Lombroso – seine Theorien lieferten das Fundament für die nationalsozialistische Ideologie – behauptete, Verbrecher anhand von Körpermerkmalen erkennen zu können. Und siehe da, laut dem Turiner Mediziner kamen die Kriminellen vorwiegend aus Süditalien. Die Wiedereröffnung des Cesare-Lombroso-Museums 2009 geriet zum Eklat. Ein Kulturverein aus Kalabrien forderte die Schließung des Museums; Nachkommen der Menschen, deren Überreste ausgestellt sind, reichten Klage ein und verlangten, dass ihre vor 150 Jahren verstorbenen Angehörigen endlich würdig bestattet werden können.

Auf YouTube ist der Film *Li chiamavano briganti* (*Man nannte sie Briganten*, 1999) des Regisseurs Pasquale Squitieri zu finden, unter anderem mit Claudia Cardinale. In einer Szene wird gezeigt, wie ein piemontesischer Arzt den Kopf eines ahnungslosen Bauern misst, um ihn gleich darauf als Delinquenten zu brandmarken. Der in Großaufnahme gezeigte Gesichtsausdruck des aufgeklärten piemontesischen Hauptmanns (Franco Nero) sagt mehr als jedes Wort: Ungläubigkeit und dennoch Ohnmacht vor den Befehlen. Der Streifen wurde gleich nach dem Kinostart aus dem Verkehr gezogen. Aus politischen Gründen? Die Produktionsfirma Medusa gehört zu Berlusconis Medienkonzern …

Man sieht: Die Geschichte ist noch immer sehr aktuell. Elena jedenfalls freut sich, wenn sie von Familie und Freunden mit Michelina De Cesare verglichen wird. Sie hat sich sogar im Kostüm fotografieren lassen. Wenn sie aber die bourbonische Fahne schwenkt, ist es nicht so, dass sie sich das Königreich beider Sizilien zurückwünscht. Das wäre absurd. Was sie fordert, ist ein moralischer Ausgleich. In einem gebe ich ihr recht: In jeder süditalienischen Stadt gibt es eine Piazza Garibaldi, eine Via Cavour oder einen Corso Vittorio Emanuele – benannt nach den Gewinnern im Kampf des Nordens gegen den Süden. Dagegen erinnert die Toponomastik selten an lokale Persönlichkeiten, die zum Beispiel »nur« das Pech hatten, 1860 auf der falschen Seite zu kämpfen. Vergebens wird man auch nach Straßen suchen, die Künstlern und Literaten der Region gewidmet sind. Da wäre zum Beispiel Albino Pierro (1916–1995) aus Tursi. Wieder ein Fall von Unsichtbarkeit: Wer weiß schon, dass der Dichter, der vorwiegend seinen Dialekt benutzte, mehrfach für den Literaturnobelpreis nominiert war?

Mittlerweile haben sowohl Apulien als auch die Basilikata eine heitere Weise gefunden, ihrer archaischen Kinder zu gedenken. Regelmäßig gibt es Theateraufführungen, die das Leben der Briganten und die Bauernrevolte zeigen. Für Furore sorgt die dramatisierte Darstellung *La storia bandita* im kleinen Nest Brindisi di Montagna bei Potenza. Das ausgefallene Spektakel erzählt anhand von Balladen und Volksliedern die Lebensgeschichte des berühmt-berüchtigten Briganten Carmine Crocco (1830–1905). Wie der Titel andeutet, steht die Biografie des Protagonisten stellvertretend für die missachtete Geschichte der südlichen Halbinsel. Auf einer Fläche von 25 000 Quadratmetern im Gancia-Park wird an Mitteln nicht gespart. Hunderte freiwillige Darsteller und Tänzer im historischen Gewand, aber auch Pferde, Ochsen und Esel sollen die Zeit der Bauernrevolte lebendig werden lassen. Und die Stimme des Carlo Crocco ist keine andere als die von Michele Placido. Der Schauspieler, der durch die Fernsehserie *Allein gegen die Mafia* auch in Deutschland bekannt wurde, ist tatsächlich ein

Nachkomme des berühmten Rebellen. Das Publikum sitzt unter freiem Himmel in einer unvergesslichen Naturkulisse.

Inzwischen habe ich während der vielen Reisen durch die Basilikata und Apulien festgestellt, dass es »die Briganten« noch gibt. Menschen, die sich mit Mut und persönlichem Engagement gegen die Ausbeutung ihrer Region einsetzen. Allerdings bedienen sie sich nicht terroristischer Methoden. Ihre Waffen sind die Kultur und die neuen Medien. Es sind die Umweltaktivisten, die gegen die großen Energiekonzerne demonstrieren und die Ressourcen ihres Naturterritoriums schützen wollen. Um sie geht es im folgenden Abschnitt.

Der Kampf gegen die Ölkonzerne

Mitten im Nationalpark des lukanischen Appenin erstreckt sich das weite Agri-Tal. Und unter ihm liegt das größte Ölfeld Europas. An 39 Lagerstätten fördert die Erdölfirma ENI (Ente petroli Nazionale Italiano) bei Viggiano ca. 90 000 Barrel pro Tag. Tendenz steigend. Das schwarze Gold aus Lukanien macht 80 Prozent der nationalen Produktion aus und deckt ca. 12 bis 15 Prozent des italienischen Bedarfs.

»Basilikata wie Texas« – oft sind solche Schlagzeilen in überregionalen Zeitungen erschienen. Die Lukaner schütteln den Kopf, ihre Miene wird besorgt. Nein und ja. Einerseits sind sie stolz darauf, dass ausgerechnet ihre Region einen wichtigen Anteil an Italiens Wirtschaft hat. Andererseits hat die Erdölförderung den Gemeinden bisher keine Vorteile gebracht. Eigentlich müsste die Region Basilikata vom italienischen Staat »Royalties« erhalten, im Wert von 10 Prozent des geförderten Öls: umgerechnet ca. 160 Millionen Euro im Jahr. Wegen der Einhaltung des europäischen Stabilitätspakts aber fließen die Mittel nur spärlich. Im Sommer 2014 ist deswegen zwischen Rom und Matera ein Streit entbrannt. Die Zentralregierung will die Zahl der Barrel verdoppeln. Italiens Ministerpräsident Renzi hat ausländischen Konzernen genehmigt, mehrere Probebohrungen vorzunehmen. Betroffen sind die Basilikata, Apulien, aber auch die Abruzzen. Die lukanische Landesregierung hat sich dagegen gewehrt: Das stelle eine große Gefahr für ihre noch intakte Natur dar und gefährde eine weitere wichtige Einnahmequelle – den gerade aufkeimenden Tourismus – massiv. Die Gewinnung von Erdöl verursacht bekanntlich große Umweltschäden. Die Umweltliga (Lega Ambiente) hat bereits 2012 in einem Bericht auf die hohe Konzentration von Schwermetallen in einem See unweit des Naturschutzgebietes Pollino hingewiesen. Nicht zufällig ausgerechnet auf der Seite, auf der sich die Ölfelder befinden.

Maria Rita D'Orsogna, Wissenschaftlerin und Umweltaktivistin, stammt zwar aus den Abruzzen, schreibt aber in der Tageszeitung *Il Fatto Quotidiano* und in ihrem Blog über diese brennende Problematik in der Basilikata. Die Machtbefugnisse werden nach und nach von den Regionen auf die Zentralregierung verlagert. Zu diesem Zweck wurde sogar die Verfassung geändert. Was wisse aber Rom von der kritischen Situation an einem entfernten Ort in der Basilikata? Wenn es um die Umwelt gehe, müsse die Lokalpolitik entscheiden. Das sei – so D'Orsogna – ein Problem der Demokratie. Da, wo große wirtschaftliche Interessen im Spiel seien, versuche die Politik, demokratische Regel zu umgehen. Die größte Schwäche Italiens? Vor allem Private und Freiwillige würden sich für die Umwelt einsetzen, während die Politik sich in Schweigen hülle.

Aber die Arbeit der Aktivisten um Daniela Spera in Taranto zeigt, dass der Protest nicht vergebens ist. Wenn sich die Bürger wehren, können die Multikonzerne nicht so tun, als wären sie die Einzigen, die über die Umwelt verfügen können. Jedes Jahr wird Anfang August an den apulischen und lukanischen Stränden eine Menschenkette gebildet. Motto: »*Giù le mani dal nostro mare.* Hände weg von unserem Meer.« Mit diesem Slogan haben letztes Jahr in Monopoli, Taranto und Scanzano Jonico Tausende gegen die angekündigten neuen Bohrungen an der Adria und am Ionischen Meer protestiert. Mit dieser Aktion, die von den Umweltvereinen beider Regionen alljährlich organisiert wird, sollen die Urlauber darüber informiert werden, dass Ölkonzerne aus Großbritannien und Australien es ausgerechnet auf den Strand mit dem kristallklaren Wasser abgesehen haben, an dem sie gerade Urlaub machen.

Neue Bohrungen würden Italiens Energieproblem nicht lösen, erklärt Maria Rita D'Orsogna. Eine Energiewende muss her! Derselben Meinung sind mittlerweile auch viele andere regionale Medien. Auch die Menschenkette produziere Energie, schreiben sie: die Kraft des Wissens und des Engagements. Jetzt, sagen die Lukaner, kann keiner mehr kommen und uns – wie zu Zeiten der Briganten – sagen, dass wir ignorant sind und von nichts eine Ahnung haben.

Aglianico und Naturhonig. Unterwegs am Vulture

Die nördliche Basilikata – das ehemalige Gebiet der Briganten – ist noch weniger bekannt als die Region um Matera. Das Vulture liegt abseits der üblichen Reiserouten. Es sei denn, man wäre Musiker mit einem ganz speziellen Schwerpunkt auf Renaissance- und Barockmusik. In diesem Fall führte einen der Weg vielleicht nach Venosa, den Geburtsort des Fürsten Carlo Gesualdo (1566–1614), der, nachdem er in rasender Eifersucht seine Frau und ihren Liebhaber ermordet hatte, die schönsten und seltsamsten Madrigale der Musikgeschichte komponierte.

Manchmal verirren sich auch ein paar Historiker in das Städtchen Melfi – auf den Spuren des Hohenstaufers Friedrich II. Von hier aus – natürlich in einem standesgemäßen Kastell, das zu besichtigen ist – erließ der Stupor Mundi 1231 die *costituzioni di Melfi*, eine Gesetzessammlung, die das gesamte moderne Zivilrecht inspiriert hat.

Außer Musikwissenschaftlern, Historikern und Rechtsgelehrten haben vor allem Sommeliers und Weinhändler einen triftigen Grund, ins Vulture zu reisen: Außerordentlich schätzen die Fachleute den Rotwein *aglianico*, der an den Hängen des erloschenen Vulkans Vulture produziert wird, einem der höchstgelegenen Weinbaugebiete Europas. Bis zu einer Höhe von 800 Metern werden die Reben angebaut. Und der 1300 Meter aufragende Vulkankegel ist von jedem Dorf aus zu sehen. Nicht Furcht einflößend wie zum Beispiel der sizilianische Ätna; vielmehr lässt der gezackte, bläuliche Krater, der sich wie ein gen Himmel aufgerissener Rachen über die Felder erhebt, die tellurischen Kräfte dieses Landstrichs erahnen. Unzählig sind die Gemeinden, die sich auf den kostbaren Rotwein spezialisiert haben: Rionero in Vulture, Barile, Rampolla, Ripacandida, Ginestra, Acerenza, Atella, Venosa, Lavello, Banzi, Genzano di Lucania und so weiter und so fort. Ca. 1200 Winzer leben und arbeiten in diesem hügeligen Winkel an der Grenze zu Apulien und Kampanien.

»*Aglianico.* Du erinnerst dich noch an die Zeit, als keiner ihn wollte und es für jeden Schickimicki ein absolutes Muss war, Pinot grigio oder gar Mateus zu trinken.« So führt der Autor Gaetano Cappelli den edlen Wein in einem seiner Romane ein. Es handelt sich »um eine tausend Jahre alte, etwas geheimnisumwitterte Weinrebe … Einem Reiseführer zufolge vermischen sich in seiner Geschichte schon seit dem siebten vorchristlichen Jahrhundert, als er von griechischen Kolonisten importiert worden war, Wahrheit und Legende. So soll zum Beispiel Hannibal die Wunden seiner Soldaten mit Aglianico behandelt haben; wegen seines herben Geschmacks soll er der Lieblingswein von Papst Paul III. Farnese gewesen sein, der mit dem Konzil von Trient die Reform der Kirche einleitete, und Ferdinand von Bourbon soll sich bei seinem letzten Abendmahl vor Verlassen seines Königreichs mit zwölf Flaschen betrunken haben. Einer anderen Legende zufolge, die erst in jüngerer Zeit über den Aglianico kursierte, kamen Leute aus dem Norden und luden ganze Tankwagen damit voll, um Barolo daraus zu machen … vor allem in schlechten Jahrgängen [fuhren] tatsächlich Leute aus Piemont zum Monte Vulture …, um eine Ladung Aglianico mitzunehmen, mit der sie ihre eigene dürftige Ernte aufbesserten. Nicht umsonst gab es immer noch Leute, die den Aglianico beharrlich als Barolo des Südens bezeichneten – und tatsächlich ähneln sich die beiden Weine in mehr als nur einer Hinsicht.« (*Storia controversa dell'inarrestabile fortuna del vino Aglianico nel mondo,* 2007; deutsche Ausgabe: *Die beste Lage*).

Mit dieser Einführung, die wieder einmal von der alten Fehde zwischen dem Piemont und Süditalien erzählt, fuhr ich nach Ripacandida und besuchte das Weingut Eubea, das seit drei Generationen von der Familie Sasso betrieben wird. Als ich den lukanischen Freunden mein Vorhaben ankündigte, fragten sie ernsthaft besorgt, ob wir uns dort gut auskennen würden. Der Weg zum Vulture sei kurvenreich und voller irritierender Abzweigungen. Im Nu hätte man sich verfahren. Aber für diese Unkenrufe hatte ich kein Ohr, so sehr freute ich mich auf die Reise: eine süditalienische Toskana jenseits des Massentourismus, eine hügelige Landschaft voller alter, noch zu entdeckender Dörfer, köstliche Gerichte und fabelhafter Wein.

Das alles fanden wir dort, aber die Freunde hatten recht. Es fing schon damit an, dass wir die Zahl der Regionalstraße mit einer Hausnummer verwechselten. *Strada provinciale 8.* Das Navi hüllte sich schon seit geraumer Zeit beharrlich in Schweigen. Die vielen Kurven schienen ins Nichts zu führen. Rechts und links Felder und Weinreben, so weit das Auge reichte, aber von der *azienda vinicola* keine Spur. Zweimal rief ich die junge Inhaberin Eugenia Sasso an, um mich zu vergewissern, ob wir richtig seien. *Più avanti,* Eugenia ermutigte uns, einfach weiterzufahren, sie würde vor dem Eisentor warten. Nach einer Weile sahen wir sie endlich, eine sympathische Erscheinung im leichten Seidenkleid, das der Sommerwind wie eine Fahne flattern ließ. Mit einladenden Bewegungen lotste sie uns zum Parkplatz. Aus einer Lagerhalle erschien indes ein vornehmer Mann. Mit seiner lockigen weißen Mähne sah er aus wie eine Mischung aus Edelmann und Druide.

Die Sonne stand senkrecht, und wir waren geblendet vom weißen Licht des süditalienischen Mittags, das die hellen Kiesel am Boden noch verstärkten. Darum waren wir froh, als wir nach der Begrüßung zum Weinkeller geführt wurden. Da ahnten wir noch nicht, dass wir wieder einmal im Begriff waren, eine prähistorische Höhle zu besichtigen. Wie rund um Matera ist auch dieses Gebiet voller Kavernen. Und natürlich ist auch diese Höhle eine »Höhle der Briganten«. Hier haben sich Gesetzlose wie Carlo Crocco vor der norditalienischen Justiz versteckt.

Signor Sasso hebt den Zeigefinger und zieht mit einem leichten Geräusch die Luft durch die Nase. »Spüren Sie es?«, fragt er selbstbewusst. Es rieche zwischen den Felsenwänden weder feucht noch muffig. »*Eh, ci siamo nati qui,* wir sind hier geboren.« Der Satz braucht nicht weiter kommentiert zu werden: Er ist hier geboren, was bedeutet, dass er das Territorium so gut kennt wie sich selbst und weiß, aus welcher Richtung der Wind zu bestimmten Jahreszeiten weht. So war es für ihn ein Kinderspiel, an der richtigen Stelle eine kleine Öffnung in den Fels zu schlagen, damit im Weinkeller die Luft zirkulieren kann. Während wir am Eingang der Höhle stehen und auf die Felswände schauen, frage ich mich, ob sich die Eigenart der Landschaft auch in den Namen der Menschen niedergeschlagen hat. *Sasso* bedeutet Stein.

Signor Francesco Sasso oder *il professore*, wie er von seiner Tochter stets angesprochen wird, hat es mit der Geschichte. Ein Besuch in seinem Weinkeller gleicht einer Wanderung durch das Geschichtsbuch Süditaliens, von der Zeit, zu der sich die alten Griechen in Metaponto und in Taranto ansiedelten und die Aglianico-Reben auf der süditalienischen Halbinsel einführten, bis in die Gegenwart. Herr Sasso war früher Lehrer und zitiert leichtfüßig griechische Literatur. Nicht nur der Name seiner Tochter (Eugenia, die Wohlgeborene), auch der seines Weinguts hat einen griechischen Ursprung: Eubea, die Insel in Mittelgriechenland, von der – so die Legende – der erste Aglianico kam. Und der edelste unter Signor Sassos Weinen heißt Roinos: eine ganz persönliche Wortschöpfung. Das altgriechische Wort *Oinos* (Wein) traf auf das Präfix »Ro«, das für Roberto steht. Zu Ehren des Enkelkindes, das die Familientradition fortführen wird.

Nach der philologischen Einführung dürfen wir endlich eine Etage tiefer unter die Erde steigen und mit eigenen Augen sehen und eigenem Gaumen kosten, was diesen Wein so besonders macht. Die dunkel- und hellgrau changierenden Streifen in der Felswand sind die Unterschrift, die die geologischen Zeitalter im Boden hinterlassen haben. *Il professore* zeigt nach oben, auf eine anthrazitgraue Schicht. Vor Millionen Jahren haben sich an dieser Stelle Lava und Erde vereint. Das vulkanische Magma hinterließ in der Erde kostbare Mineralstoffe, die die Rebstöcke ernähren. Sie machen den Aglianico besonders langlebig: Aus den gehaltvollen Elementen im Erdboden ergibt sich der hohe Säuregehalt, und dieser wiederum bestimmt, wie lange der Wein sich halten wird. Einige Aglianico-Sorten von glücklichen Jahrgängen können bis zu 60 oder sogar 70 Jahre gelagert werden.

Aber nach so viel Parlieren solle endlich der Wein zu uns sprechen, meint Herr Sasso. In einem weiteren Kellertrakt holt er aus einem Schrank eine Pipette – im Dialekt *il mariuolo*, der Dieb der kleinen Dinge –, mit deren Hilfe er einige Tropfen Wein aus einem Fass zieht. Wir probieren drei Jahrgänge: einen jungen, 15 Monate alten und einen vier Jahre gereiften Rotwein, der jetzt – so der Winzer – »bereit ist, auf eigenen Füßen in die Welt zu gehen«, und schließlich einen *passito,* einen Süßwein, vor dem sich sämtliche Götter des Olymps verneigen würden.

Kennen Sie sich mit Wein aus? Unter uns gesagt, ich habe mich manchmal über das ganze Geschwafel ein wenig lustig gemacht. Aber jetzt weiß ich: Es ist eine Wissenschaft. Sei es wegen der konspirativen Stimmung in der dunklen Grotte, sei es wegen Francesco Sassos charismatischer Ausstrahlung – irgendwie bin ich hier bekehrt worden. Nichts darf dem Zufall überlassen bleiben. Weinlese ein paar Tage früher oder ein paar Tage später, und schon schmeckt der Wein ganz anders. »*Guarda il calor del sole che si fa vino*«, sagte schon Dante. Jeder noch so geringe Sonnenstrahl wirkt sich auf den Wein aus.

Man reicht mir ein Glas, und schon wirkt der Zaubertrank: Der Wein haucht mir seinen Atem entgegen, als wäre er tatsächlich im Begriff zu sprechen.

»Sehen Sie«, sagt Francesco Sasso mit gravitätischem Lächeln. »Dieser Wein ist zwar noch jung, aber schon *versatile*, vielseitig.«

Und schon wird mir das zweite Glas angeboten: Aglianico, der Ältere. Der Duft der Trauben steigt mir in die Nase und weiter hinauf und öffnet all meine Sinne. Für einen Moment bin ich nicht mehr in diesem dämmrigen Keller, ich schwebe über den lichten Weingärten der Basilikata und sehe unter den Weinblättern die prallen Trauben glitzern.

»*Ha da esprimere molte cose*«, auch dieser Wein habe viel zu sagen. Mit seinem Aroma von Kirschen und Brombeeren, ohne den modrigen Geschmack des Holzes, sei der Roinos *esplosivo*, stürmisch und ungezügelt. Auch die preisgünstigere Sorte Il covo dei Briganti (die Brigantenhöhle) ist ein schwerer, kräftiger, rubinroter Wein. Beim ersten Eindruck spröde, gegen Ende intensiv und warm.

Vater und Tochter Sasso sprechen über ihren Wein wie über einen geliebten Menschen. Man müsse zärtlich mit ihm umgehen, er vertrage keine abrupten Bewegungen, möge es nicht, geschwenkt oder mit Hochdruckpumpen von einem Fass ins andere befördert zu werden. Das sei für ihn ein regelrechter Schock. Um ihren Wein umzufüllen, haben die Sassos daher eine eigene, ausgeklügelte Anlage konstruiert. Und am Ende gibt ihr Aglianico all die Zärtlichkeit, mit der man ihn behandelt hat, zurück.

Zum Schluss berichtet *il professore* von seinen Experimenten. Ein Champagner, das heißt ein prickelnder Rosé aus Aglianico-Trauben, ist in Arbeit. Auch denkt er über einen Wein nach, der ausschließlich in Tonamphoren reifen soll.

Am Ende des Kellers angelangt, schauen wir auf gerahmte Fotografien und Auszeichnungen aus verschiedenen Epochen: eine Goldmedaille aus den Dreißigerjahren, Silber bei einem amerikanischen Wettbewerb, drei Sterne, verliehen vom *Veronelli*, Italiens bekanntesten Weinführer.

Francesco Sasso erzählt uns eine rührende Geschichte: Vor Jahren besuchte er einen Kunden in dessen Restaurant im damals noch geteilten Berlin. Sie saßen beisammen und unterhielten sich *del più e del meno,* über dies und jenes, als Sasso plötzlich eine sonore Stimme vernahm. »Gianni ...«, sagte die Stimme zum Restaurantchef, »warum stellst du mir den Urheber dieses tollen Weins nicht vor?« – Sasso drehte sich um und traute seinen Augen nicht. Da stand Horst Buchholz in Fleisch und Blut und mit einem Kelch Rotwein in der Hand. Bald freundeten sie sich an. Der Star der *Glorreichen Sieben* gab für seinen neuen Wein sogar eine mondäne Party, bei der auf die »*Potenz* diesen brillant roten Tropfens« angestoßen wurde. Das Vulture-Gebiet befindet sich in der Provinz Potenza, und – wie wir erfahren haben – kraftvoll schmeckt sein Wein. Ob er auch potent macht, vermag ich nicht zu sagen.

Bei Eubea konnte ich diese Frage nicht vertiefen – mein Handy klingelte plötzlich. Ich schaltete es stumm, doch es rumorte in meiner Tasche weiter. Wir wollten uns gerade verabschieden, als jemand durch die gläserne Tür der Lagerhalle lugte: Ein Mann mit einem sympathischen Lächeln sagte, er sei gekommen, um mich abzuholen. Mein Ehemann schaute mich verblüfft an. Ich hob die Augenbrauen. *Mamma mia*, dachte ich, wird sich jetzt ausgerechnet in der Ex-Höhle des Briganten ein Eifersuchtsdrama abspielen? Eine Geschichte um zwei Männer und eine Frau im ländlichen Lukanien. Bleiben Sie dran!

»*Sono io*, Franco«, sagt der Unbekannte und strahlt uns unvermindert an. Nach einigen Sekunden betretenen Schweigens, die sich anfühlen wie das geologische Zeitalter, in dem die Höhlen Lukaniens entstanden sind, dämmert dem unbekannten Gast etwas. »Michele. Michele aus Matera rief an und bat mich, Sie hier abzuholen.«

Ein Seufzer der Erleichterung. Alle lachen, auch Vater und Tochter Sasso. Das erste lukanische Mysterium des Tages ist gelüftet. Wir werden noch ein paar weitere Prüfungen bestehen müssen, aber davon wissen wir noch nichts. »Ich wollte Ihnen entgegenkommen«, fügt Franco hinzu, als er mir zur Begrüßung die Hand entgegenstreckt. »Hier verfährt man sich nämlich leicht.«

Gleich danach fahren wir dem neuen Freund, der uns in bester lukanischer Tradition gleich zu sich nach Hause eingeladen hat, in unserem Auto hinterher. Franco Rondinella ist der Bienenkönig des Vulture. Er hat aus der Imkerei beinahe einen Kult gemacht, dem er sich mit Herz und Seele widmet. Was einen hier im alten Großgriechenland eigentlich nicht weiter wundert, war doch der Honig eine Speise der antiken Götter. Rondinellas Haus ist zugleich Eigenheim, Laden und *fattoria didattica,* ein Biohof, auf dem Schulklassen und Familien alles rund um die Honigbienen lernen können. Im Erdgeschoss befindet sich eine große Ladenfläche. Wir schauen auf Holzregale voller Honiggläser. Blütenhonig aus Kastanien-, Kirsch- und Zitrusbäumen. Und aus *sulla.* Aus dem 1753 von Carl von Linné entdeckten Süßklee wird in Süditalien ein besonders kostbarer Honig gewonnen, der in Sachen Vitaminen und Aminosäuren den Akazienhonig noch übertrifft. Auf den Regalen stehen außerdem Wachskerzen verschiedenen Formats und Marmeladengläser jeder Größe: selbst gemachte Aprikosen-, Orangen und Johannisbeermarmelade. Auch entdecke ich Dosen mit Schokoladencreme. »*Sì, sì,* alles aus unserem Honig«, flüstert der sichtlich stolze Franco.

Von Ende Februar bis in den Oktober ist Rondinella wochentags mit seinen Bienen unterwegs. *La transumanza delle api:* Wie die Kühe im Sommer auf die Alm getrieben werden, so gehen auch die Bienen auf Wanderung. Im Vulture-Gebiet mangelt es zwar nicht an Süßklee und Kastanien, aber Obstbäume gibt es weiter im Süden. In der Ebene zwischen Pisticci, Policoro und Metaponto – dem »Kalifornien des Südens« – werden wohlschmeckende Früchte von A (Aprikosen) bis Z (Zitrusfrüchten) gezüchtet. Mit 3700 Hektar ist die Basilikata nach Kampanien und der Emilia Romagna die drittgrößte Obst- und Gemüseanbauregion in Italien. (Ein kleiner Tipp: Sollten Sie zufällig im Monat Juni in der südlichen Basilikata unterwegs sein, werden Sie das Glück haben, die besten Aprikosen Italiens zu kosten. Der orangefarbenen Frucht, die die Römer 70 v. Chr. aus Armenien mitbrachten, widmet das Dorf Rotondella, 92 km von Matera entfernt, alljährlich ein lustiges Volksfest.)

Sobald die ersten Mandelbäume blühen, fährt Franco mit seinen Bienenstöcken dem Frühling entgehen. Die Obstproduzenten empfangen ihn und die Bienen stets mit allen Ehren. Dank der fleißigen Bestäuber kann die Obsternte um bis zu 70 Prozent gesteigert werden. Rondinella ist allerdings sehr wählerisch bei der Frage, in welchen Obstgärten seine Bienen zeitweilig wohnen sollen. In Richtung Taranto geht er auf gar keinen Fall. Laboranalysen hätten einmal in *seinem* Honig winzige Schadstoffanteile nachgewiesen. Leider die ILVA, sagt er stirnrunzelnd. Die Bienen sind die sensibelsten Sensoren der Natur. An ihnen ist sofort zu messen, wie gesund oder verschmutzt die Umwelt ist.

Auch einzelne Bauernhöfe nimmt Rondinella genauer unter die Lupe. Eigentlich würde man diesen sanften Imker nie und nimmer für einen peniblen Geist halten. Immer wieder lächelt er, neigt kokett den Kopf wie ein Mädchen (*rondinella* heißt kleine Schwalbe), das sich ein bisschen geniert und sich zugleich ein bisschen entschuldigen möchte. Aber hier geht es um seine geliebten Honigbienen. Nicht nur achtet er darauf, dass am neuen Aufenthaltsort kein chemischer Pflanzenschutz verwendet wird, die Obstplantagen sollen auch bewacht sein. Ein paarmal ist es passiert, dass die Bienenstöcke nachts geklaut wurden. Beinahe ein finanzielles Desaster für Rondinella. Auch ungünstige Wetterverhältnisse können die Honigproduktion massiv gefährden. Der Regen ist der größte Bienenfeind, ein anderer der Läusebefall, der die *Apis mellifera* zu Krüppeln macht.

Auch hier hat Rondinella mithilfe von Fachleuten eine Methode entwickelt, um den Schädling auf natürliche Weise zu bekämpfen. »Wenn die Bienen krank sind, leiden sie wie Menschen«, sagt er. Ein Blick auf die »rondinellesken« Zahlen veranschaulicht, wie eng die emsigen Kreaturen ihrem Imker ans Herz gewachsen sind: Eine Bienenfamilie (ca. 40 000 bis 50 000 Mitglieder) produziert jährlich knapp 300 Kilogramm Honig. Rondinella schöpft aber lediglich 20 Prozent davon. Den Rest überlässt er ihnen – für ihre Ernährung und die Aufzucht der Bienenbrut. (In der herkömmlichen Imkerei bleibt den Bienen meist nichts. Sie werden mit Zuckersirup ernährt.) Franco hat lieber einen kleineren Ertrag und die Gewissheit, dass es seinen

Bienen gut geht. Er sei nicht darauf erpicht, auf ihre Kosten Erfolg auf den Weltmärkten zu haben, sagt er. Der kleine Haken: Aufgrund der großen Nachfrage und der begrenzten Menge gehen die Produkte nach Weihnachten bereits zur Neige. Im Januar sind die Regale oft schon leer. Und erst im Februar beginnt erneut die *transumanza*. Nach dem ewigen Zyklus der Natur.

Während des Gesprächs haben wir so viel Honig und Schokolade genascht, dass wir auf die Einladung zum Mittagessen verzichten und weiter in Richtung des mittelalterlichen Acerenza fahren möchten.

»Seid ihr sicher?«, fragt Rondinella besorgt …

Lukanische Mysterien

»Seid ihr sicher?«, fragt Rondinella besorgt. Wir wollen uns die Krypta des Doms in Acerenza anschauen, in dem angeblich Draculas Tochter begraben liegt. Franco scheint uns von unserem Vorhaben abbringen zu wollen. Von Ripacandida sei es viel zu weit dorthin, argumentiert er. Besser sei, Acerenza von der anderen Seite, von Potenza aus, zu erreichen. Da wir aber darauf bestehen, erklärt er uns schließlich den Weg.

»Zunächst immer geradeaus, dann links, dann die zweite noch mal links, dann rechts ...« Francos Hand zuckt hierhin und dahin. Diese Finger sehen aus wie ein rosiges Tier, denke ich. Aber habe ich jetzt alles verstanden? Zweimal links und einmal rechts? Oder umgekehrt? Na ja, was soll's, wir werden schon in Acerenza ankommen, denke ich. Immerhin liegt das mittelalterliche Dorf in strategischer Position 800 Meter hoch auf einer Hügelkuppe – das kann man gar nicht verfehlen. Den ersten Teil der Strecke fahren wir beschwingt zwischen Feldern entlang, die unter der

Nachmittagssonne gelb wie Löwenmähnen glänzen. Bald erspähen wir das alte *Acheruntium*, wie die Römer es nannten. Heute eine Ansammlung von rötlichen Häusern. Im Vergleich zu der lichtdurchfluteten Landschaft wirkt die Kathedrale düster. Ich weiß nicht, warum, aber mir kommt Kafkas Schloss in den Sinn.

Acenrenza liegt vor uns, und wir nähern uns unaufhaltsam an. Glauben wir. Nach einer Weile schaue ich auf die Uhr. Eine Stunde ist schon vergangen, und das Dorf auf der Bergspitze ist nicht nur keinen Millimeter näher gerückt, wir haben sogar den Eindruck, es habe sich eher weiter entfernt. Das Navi liegt indes in tiefer Ohnmacht. Vielleicht die Hitze … Also folgen wir der Route auf dem iPad. Plötzlich stehen wir vor einem Mauleselpfad voller Steine. Rechts und links verbrannte Kornfelder. Das Getreide ist schon geerntet. Die blaue Linie auf dem Tablet zeigt, dass wir da hindurchmüssen. Aber wird das Auto die kantigen Steinbrocken verkraften? Sollen wir lieber umkehren?

Wir entscheiden uns für den steinigen Weg. Ganz nebenbei: Seit anderthalb Stunden sind wir nun unterwegs und noch keinem einzigen Menschen begegnet. Geschweige denn einem Auto. Stünde nicht ein riesiger Traktor am Rand eines Feldes, ich würde glauben, wir wären in ein Abenteuer wie in einem Fantasyroman geraten. Ein böser Zauber läge auf diese Landschaft, und wir wären gefangen, von der Zivilisation abgeschnitten und dazu verdammt, uns für immer und ewig im Kreis zu bewegen. Rund um uns herum entfaltet sich die stille, unendliche Prärie Lukaniens. Ab und an wird die Monotonie der Felder durch einen kleinen Wald aus Eichen und Kastanien unterbrochen.

Ein Rabe streicht über unseren Wagen. Krah, krah, krah. Wir schauen einander fassungslos an. Ist hier der Fluch von

Dracula am Werk? Hätte ich bloß in Ripacandida eine Knoblauchknolle gekauft oder wenigstens einen *santino*, ein Heiligenfigürchen, eingesteckt wie jede Süditalienerin, die diesen Namen verdient! Ist Maria Balsa also tatsächlich Draculas Tochter? Wir blicken auf Acerenza, aber wir kommen nie an. Der kurvige Pfad nimmt kein Ende.

Nach weiteren anderthalb Stunden sind wir schließlich doch da, am Fuß des Hügels. Hinter einer Kurve geht es plötzlich sehr steil bergauf. An einem kleinen Aussichtspunkt sitzen zwei schwarz gekleidete Frauen auf einer Steinbank. Neben ihnen steht eine Zwergin mit krummen Beinen wie ein bauchiges O. Statt in Richtung Panorama zu schauen beäugen sie uns interessiert. Jetzt fehlt nur noch die schwarze Katze! Nach sieben weiteren Kurven fahren wir endlich durch ein Gässchen auf den mittelalterlichen Dom zu, eine große Sehenswürdigkeit des *romanico pugliese*. Der Platz ist winzig, alte Männer sitzen auf Pollern und werfen uns schüchterne Blicke zu.

Acerenza wird nach und nach von der jungen arbeitsuchenden Generation verlassen. Knapp 2500 Menschen leben heute noch hier. Als wir vor dem majestätischen Kirchentor stehen, ruft uns einer der Greise etwas zu. Er wedelt dramatisch mit dem Arm, aber was er sagt, ist keine Sprache, sondern eine konfuse Aneinanderreihung von Vokalen ohne Konsonanten. Hilflos schaut er zu seinen Kompagnons: Wie ist es möglich, dass die immer noch nichts verstehen? Mit der rechten Hand stützt er sich auf der Schulter eines seiner Freunde ab, mit der linken holt er die Krücke und schwenkt sie durch die Luft. »Ich glaube, er meint den *campanile*«, versucht mein Mann zu dolmetschen.

Tatsächlich, eingefasst wie ein Diamant im grauen Stein, lugt ein Marmorkopf aus der Glockenturmfassade: Eine antike Matrone richtet ihre blinden Augen auf uns, als schaute sie aus einem Fenster. Die Hand ruht auf der Brust, das Zeichen des ewigen Schlafs. Es handelt sich um das Bruchstück eines römischen Sarkophags, das im Mittelalter – wie ein Puzzleteil am falschen Platz – hier eingebaut wurde. Rechts kämpfen zwei Putten miteinander, und ein Dritter eilt herbei, aber gerade da, wo das zierliche Köpfchen wäre, hat das Marmorrelief einen Sprung. Die Chiesa Santa Maria Assunta e San Canio Vescovo wurde im 11. Jahrhundert errichtet: auf einer frühchristlichen Basilika, die wiederum im 3. Jahrhundert auf einem römischen Tempel gebaut worden war.

Eine geheimnisvolle Legende umweht dieses Juwel der italienischen Kunstgeschichte. Nach einem Erdbeben ließ die Edeldame Maria Balsa die Kirche Anfang des 16. Jahrhunderts restaurieren und hinterließ dabei jede Menge Spuren, die auf ihren wahren Ursprung hindeuten sollten. Die Vorgeschichte: Die aristokratische Familie Commena nimmt 1481 vom Balkan das siebenjährige Waisenmädchen Maria mit nach Neapel. Bald wird es von keinem Geringeren als König Ferdinand von Aragon adoptiert. Später wird die junge Frau mit dem Grafen Ferillo von Acerenza verheiratet und zieht nach Lukanien. Ihre Herkunft aber liegt im Dunkeln, in der Eheurkunde fehlt jede Information über sie.

Die Story hat Rechtsanwalt Raffaello Glinni ausgebuddelt. Er will in der Gruft Beweise gefunden haben, die auf die wahre Identität der Maria Balsa schließen lassen. Das Familienwappen am Eingang der Kathedrale zeigt nicht das Wahrzeichen des Ehemannes Ferillo, wie es damals üblich war, sondern einen wild gewordenen Drachen mit geblähten Nüstern. Und der Drache breitet Flügel aus, die an eine

Fledermaus erinnern. Das ist das Zeichen von Vlad III., auch Basarado oder Balsarad – oder Dracula genannt. Die Ähnlichkeit der Namen Balsarad und Maria Balsa sei kein Zufall, behauptet Glinni. In Zusammenarbeit mit einer Forschergruppe der Universität Tallin hat der Liebhaber lokaler Geschichte auch herausgefunden, dass Sigismund von Luxemburg, ein Vorfahr von König Ferdinand von Aragon, mit Vlad II., Draculas Vater, im Jahr 1408 den Orden des Drachen gegründet hatte, eine Allianz, die den Einmarsch der Türken verhindern sollte.

Weitere Hinweise scheinen die Verwandtschaft mit dem walachischen Fürst zu bestätigen: An prominenter Stelle in der Krypta hängt ein großes Gemälde des heiligen Andreas. Andreas ist der Schutzpatron von Rumänien. Dort entdeckte Glinni auch ein Relief, das das Antlitz eines unbekannten Mannes mit deutlich vorstehenden Eckzähnen zeigt. Der Mann wendet dem Bildnis der heiligen Maria die Schulter zu, auch dies ein deutliches Zeichen, meint Glinni: Dracula sei vom Papst exkommuniziert worden. Die Tochter Maria habe versucht, den blutrünstigen Vater mit der katholischen Religion zu versöhnen. Die Nachforschungen laufen. Man munkelt sogar, das Grab des *Drachulea,* des Sohns des Drachen, sei in Neapel versteckt.

Seitdem klingelt Glinnis Handy ununterbrochen, National Geographic, BBC und RAI wollen in der Krypta drehen. Auch ein deutsches Fernsehteam sei bis nach Acerenza vorgerückt, heißt es. Der arme Forscher weiß nicht mehr wohin mit seiner kostbaren Zeit, die er viel lieber der Geschichtswissenschaft widmen würde.

Ob Glinni recht hat, soll ein weiteres lukanisches Mysterium bleiben. Aber der Besuch der Kathedrale lohnt sich auf jeden Fall, schon allein wegen der zeitentrückten Aura:

Groteske Figuren auf romanischen Sockeln und Reliefs zeigen hervorstechende Zähne und Schlangenhäute; unten am Sockel einer Säule wird eine nackte Frau von hinten von einem lüsternen Affen überfallen (der Affe: Sinnbild des Bösen; die Sünde muss also außerhalb der Kirche bleiben) – all das erzählt von einer fernen Zeit voller Mythen an der Schwelle vom Heidentum zum Mittelalter. Ganz nebenbei: In der Gruft wacht ein Relief von greisenhaften Putten über dem Prinzessinnengrab. Sie schauen erschrocken drein. Haben sie bereits geahnt, dass ich nur noch zwei 50-Cent-Münzen im Geldbeutel habe? Um sie und die drakulesken Wandmalereien bei Licht zu bewundern, muss man 50 Cent einwerfen. Und es ist kein Mensch da, den man um Wechselgeld bitten könnte.

Beim Wegfahren sehen wir ihn doch noch, den schwarzen Kater. Ich versuche ihn zu fotografieren, aber er gähnt, zu Tode gelangweilt. Ob er viele Besucher aus unterschiedlichen Epochen gesehen hat? Auf dem Domplatz spielen Jugendliche in bunten Trikots Fußball. Pubertierende Mädchen schauen zu und tuscheln miteinander. Die Sonne geht unter, es beginnt zu dämmern.

The little blue, auch Melancholie genannt. Eine leise Wehmut befällt mich immer, wenn ich die Basilikata und Apulien verlasse. Am Auto- beziehungsweise Busfenster rauschen Olivengärten und Weinreben vorbei. Unter den bläulichen Schatten des Abends wirken sie wie eine Traumsequenz. Die *mucche podoliche* sehe ich nicht mehr. Vielleicht schlafen sie schon. Aber ich rieche sie. Nicht die Kühe selbst, sondern den *caciocavallo*, den würzigen, birnenförmigen Käse, der in meiner Tasche liegt. Auf derselben Straße von Bari über die Basilikata fuhr mein Vater vor vielen Jahren mit einem Koffer voller Geschenke und Geschichten aus Osteuropa nach Westen zurück. Meine Reisetasche ist heute voller Delikatessen, die ich für Freunde und Familie mitgenommen habe. Zu Hause angekommen, werde ich rasch die Papierpäckchen und Tütchen aufmachen. So ein Malheur wie mit den verschimmelten Orecchiette aus Bari soll mir nicht noch einmal passieren.

Outtakes

Perdono: Für alles, was ich nicht behandeln konnte, bitte ich um Verzeihung. Hier kommen darum in aller Kürze ein paar »Outtakes«.

A Cielo aperto / Arte. Der August steht in Latronico am Naturpark Pollino ganz im Zeichen der Gegenwartskunst. Die an sich schon bildhübschen Dorfplätze und Gässchen sind voller Klanginstallationen, Videoprojektionen und Skulpturen. Und das alles unter freiem Himmel. Kuratiert wird das Ganze vom Künstlerduo Bianco-Valente (www.biancovalente.com) und der Associazione Vincenzo De Luca. Der Kulturverein hat sich auf die Fahne geschrieben, Kinder und Jugendliche für die Gegenwartskunst zu begeistern. Auf keinen Fall mit »Arte Pollino« zu verwechseln! Dies ist ein umstrittenes Projekt der Landesregierung, das bisher vor allem eine Menge öffentlicher Ressourcen für große Namen (Anish Kapoor, Carsten Höller) verbraten hat, aber ohne nennenswerten Erfolg beim Publikum. Das

Kunstfestival von Latronico dagegen verzichtet ganz auf öffentliche Gelder. In Latronico macht die Gegenwartskunst unglaublichen Spaß. Unbedingt besuchen!

Antike. Wo man in Apulien und der Basilikata auch anfängt zu graben, überall stößt man auf archäologische Funde. Und es wimmelt von Geschichten und Legenden. In Metaponto – um nur ein Beispiel zu nennen – lebte der Mathematiker Pythagoras. Sie wissen schon: der mit dem Dreieck … Und wie sollte der Reichtum des archäologischen Museums Taranto in einem Kapitel zusammengefasst werden? Allein die kleine »Soleto-Karte« wäre ein Thema für sich: Die schwarze Tonscherbe soll die älteste überlieferte Darstellung des Salento sein. Aber es gibt eine Geschichte, die so wunderbar ist, dass sie noch erzählt werden muss. Dezember 1961: Familie Corsano baut in Ugento einen Wintergarten. Plötzlich schreit einer der Arbeiter: »*Nu pupu c'è!* Hier ist eine Puppe!« Unter einem schweren Stein wird die Bronzestatuette eines antiken Gottes gefunden, völlig ramponiert und nach Kloake stinkend. Der Bauleiter zieht eine Bekannte zurate. Sofia Nicolazzo erkennt sofort den großen Wert des Artefakts. Aber die Füße fehlen, also sucht sie, unterstützt von Bauarbeitern, weiter – und findet sie im Bauschutt! Die glückliche Sofia klebt die Füße provisorisch mit Tesafilm an, dann legt sie Zeus (denn um diesen handelt es sich) behutsam auf das Gästebett, so als ob er tatsächlich ein *pupu*, ein Baby, wäre. Heute steht er im archäologischen Museum von Taranto, eine Kopie ist auch in Ugento zu besichtigen.

Castel del Monte – natürlich! Majestätisch erhebt sich die sagenumwobene Festung (1240) unweit von Foggia auf einem Hügel. Ferdinand Gregorovius nannte sie »Die Krone Apuliens«. Angeblich soll die Burg zu bestimmten Sternenkonstellationen in Beziehung stehen. Eine weitere Theorie behauptet, dass eine unsichtbare Linie das mächtige Kastell mit der Cheopspyramide in Giseh und der Kathedrale von Chartes verbindet. Auch wird immer wieder von Zahlenmystik geraunt, bei der sich alles um die Acht dreht (acht achteckige Türme, ein achteckiger Innenhof und so weiter). Sehr viel ist über das Kastell und über seinen Erbauer, den Kaiser Friedrich II., geschrieben worden. Die Seiten dieses Buches würden nicht ausreichen, um alle Attribute des Hohenstaufers aufzuzählen: »Das Staunen der Welt – *stupor mundi*«; »Der erste moderne Mensch auf dem Throne« (Jacob Burckhardt). Eine ambivalente Persönlichkeit, die sowohl das nördliche, rationale Element als auch das mediterrane in sich vereinte. Und Friedrich II. öffnete sich und sein Reich der arabischen Welt. Noch eine Verbindung nach Osten …

Lampascioni. In Essig oder Öl eingelegte Traubenhyazinthenknollen, verwandt mit der Speisezwiebel. Ihr Geschmack ist herb und erinnert an Radieschen. In vielen Wirbeln gräbt die Pflanze ihre Wurzeln tief in den Boden. Man darf sie nicht sofort nach dem Stechen verzehren, sondern erst, nachdem sie lange in einem Wasserbad gelegen hat. Einst Bestandteil der bäuerlichen Küche, wird sie heute als köstliches Fingerfood zum Aperitif gereicht. *È forte, eh!* Scharf.

Leonardo: Eines Tages war ein Reisender bei einer altehrwürdigen Familie Lukaniens zu Gast. »Möchten Sie einen *caffè*?« Auf die ganz selbstverständliche Frage folgte eine große Überraschung: Von der alten Holztafel, die als Tablett diente, schaute dem Gast ein weißbärtiger Mann entgegen. Der Fremde stieß einen Schrei aus: Leonardo da Vinci! Seitdem scheiden sich die Geister der Kunstgeschichte. Manche behaupten, dass die Tafel ein Selbstporträt des Renaissancemalers zeigt. Andere halten das Bild für eine Fälschung. Liebhaber lokaler Geschichte behaupten auch, in Lagonegro liege das Grab der sagenhaften Mona Lisa. Die Quelle: eine Leonardo-Biografie des russischen Schriftstellers Dmitrij Sergeevic Merezkowskij aus dem Jahr 1901. Die Stadt Florenz bestreitet das. Aber in Lagonegro – ca. 120 km von Potenza entfernt – denkt man bereits über ein Museum nach.

Padre Pio. Mönch aus Pietralcina (1887–1968). Laut einer Umfrage soll er neben San Gennaro aus Neapel der beliebteste Heilige Italiens sein. Der Kapuzinerpater ist gleichzeitig eine der umstrittensten Persönlichkeiten meines Heimatlandes. Er soll die Gaben des Heilens, der Bilokation und der Prophezeiung besessen haben. Nicht zuletzt sagte er dem jungen Karol Wojtiła die Zukunft auf dem Heiligen Stuhl voraus. Vielleicht wurde er deswegen 2002 heiliggesprochen? Auch behauptete der Mönch Pio, bei ihm seien die Wundmale Christi aufgetreten. Wissenschaftler konnten jedoch beweisen, dass er sich die Wunden mit Phenol selbst zugefügt hatte. Andere Stimmen meinen, Padre Pio sei geld- und machtgierig gewesen. Und versessen auf junge Frauen. 2004 wurde neben der Wirkungsstätte des berühmt-berüchtigten Paters nach Plänen des Stararchitekten Renzo Piano eine riesige Wallfahrtskirche gebaut, die bis zu 6500 Pilger aufnehmen kann. Ein seltsamer Ort des Glaubens und des Kommerzes im Namen der Religion, vergleichbar mit Lourdes. Trotz aller Scharlatanerie fahren die Leute mit großer Frömmigkeit dorthin. Mein Onkel Alfonso, der schon zwei Töchter hatte, betete inbrünstig zu Padre Pio, um endlich einen Sohn zu bekommen. Und Padre Pio hat geholfen …

Peperone Crusco oder »peperone di Senise«, eine süßliche Paprika, die man in Lukanien zum Trocknen aufhängt und dann frittiert verzehrt. *Crusco*, das heißt glänzend, weil sie mit wenig Olivenöl in einer Pfanne gebraten wird. Maximal 30–40 Sekunden. Voilà, der *peperone crusco* ist fertig. Aber Vorsicht, die Schoten verbrennen sehr schnell. Wer will, röstet noch ein paar Brotscheiben im selben Öl als Bruschetta. Chips auf Lukanisch. Sehr kross und gesund.

Potenza. Die Landeshauptstadt der Basilikata, ein Raumschiff Enterprise aus Beton auf einer Bergspitze. Man fragt sich, warum man hinfahren soll. Die Stadt ist 1980 bei einem Erdbeben halb zerstört und in unpersönlichem Stil wieder aufgebaut worden. Dazu kommt eine katastrophale Verkehrssituation. Hier trotzdem ein paar gute Gründe für einen Abstecher nach Potenza: die schmucke Via Pretoria in der Altstadt, das schöne Staatstheater, die guten Restaurants, mehrere davon mit Michelin-Stern und nicht teuer, die vielen Treppen und Treppchen, auf denen im Sommer Lesungen unter freiem Himmel stattfinden.

Quel paese là, das »Sie wissen schon«-Dorf. Keiner darf den Namen des lukanischen Dorfs in den Mund nehmen. Denn das bringt Unglück. Wenn man einen Lukaner darauf anspricht, beginnt er sofort, eine ganze Liste herunterzuleiern, was wann wie schiefgegangen ist. Die Einwohner des Ortes machen gute Miene zum bösen Spiel. Stehen sie irgendwo außerhalb ihres Ortes in einer Schlange, genügt es, wenn sie beiläufig erwähnen, dass sie aus »…« stammen, und die Schlange löst sich augenblicklich in Luft auf. Angeblich war das Dorf einst ein Zentrum von Hexen und Druiden. Fragen Sie nicht nach dem Weg. Die Lukaner werden Sie »a quel paese«, das heißt zum Teufel, schicken.

Trani. In Apulien gibt es viele schöne Städtchen, aber mein Favorit ist Trani. Wunderschön ist es am Abend, wenn die Fassade der Heiligen-Nikolaus-Kathedrale von der untergehenden Sonne beschienen wird …

Tremiti. Traumhafter Archipel aus fünf Inseln, ein Paradies für Taucher und Naturliebhaber mitten in der Adria. Zu erreichen mit der Fähre von Rodi Garganico, Vieste oder Manfredonia (Gargano) aus. Oder mit dem Hubschrauber vom Flughafen Foggia aus. Bei mir hat die Fluggesellschaft gestreikt.

Volare oh oh. Ein berühmter Sohn Apuliens ist der Schlagerstar Domenico Modugno (1928–1994). Geboren in Polignano a Mare, wurde er von seinen Landsleuten jahrelang schief angesehen. Verspielt hatte er ihre Gunst, als er Anfang der Sechzigerjahre Frank Sinatra kennenlernte: Modugno gab sich als Sizilianer aus, vermutlich um dem Italoamerikaner zu imponieren (Sinatras Vater stammte aus Palermo). Außerdem hatte Modugno als Kind in San Pietro Vernotico im Salento gewohnt. Der salentinische Dialekt ähnelt dem Sizilianischen. Modugno fing an, auf Sizilianisch zu singen. Von diesem Moment an war es zwischen Apulien und Modugno vorbei. Erst nach 30 Jahren kam die

Versöhnung. Im Sommer 1993 sang Modugno vor 70 000 Leuten in Polignano. Es war sein letztes Konzert. Mittlerweile streiten sich die Städte Polignano a Mare und San Pietro Vetronico um die Vaterschaft von Domenico Modugno. Wer wird gewinnen?

WFF. Women Fiction Festival, ein Literaturfestival und eine Autorenbörse in Matera. Nicht nur Frauen, egal, welche europäische Sprache sie sprechen, haben Gelegenheit, renommierten italienischen Verlagen ihre Exposés zu zeigen und einen Vertrag für ihren ersten Roman zu ergattern. In einer mittelalterlichen Klosteranlage herrscht eine geschäftige Stimmung wie auf einer Buchmesse. Nur sympathischer. Matera eben!

Literatur & Co. Eine ganz persönliche Auswahl

Ein Klassiker: Carlo Levi, *Christus kam nur bis Eboli*, 1945 (2002)
Ein italienischer Roman: Mariolina Venezia, *Tausend Jahre, die ich hier bin*, 2008
Ein deutscher Roman: Christoph Poschenrieder, *Das Sandkorn*, 2014
Eine Graphic-Novel: Carlo Gubitosa/Kanjano, *Ilva comizi d'acciaio*, 2013
Ein Kochbuch: Pino Bianco / Angela Matarrese, Rose Marie Donhauser, *Basilikata. Eine kulinarische Reise ins das geheime Herz Süditaliens*
Ein Reisebuch: Franco Arminio, *Terracarne*, 2011
Ein Fotoband: Angela Brucoli, *I Simboli e i Segni. Omaggio alla Puglia*
Ein Blog: *Inchiostro di Puglia* hrsg. Von Michele Galgano http://inchiostrodipuglia.weebly.com
Ein Film: Edoardo Winspeare, *In grazia di Dio,* 2013 (liegt auf DVD vor, mit englischen Untertiteln)

Grazie!

Ein Buch schreibt man nie allein. Ich möchte allen alten und neuen Freunden danken, die mich während der Recherchen unterstützt haben.

Mimmo Mugnolo, Vanja de Rita, Antonella Rosati, Regine Krieger, Elena und Vito Valente, Beatrice Arcano und Franco Meraglia, Hilke Willms, Gino Martina, Elisabetta Pane, Giovanna Bianco und Pino Valente, Giuseppe Teofilo, Sergio Marcone und Nadia Bruno, Silvia Godelli, Rocco Papaleo, Caterina Calia, Carmine Festa, Luigi Quaranta, Giuseppe Serraca Guerrieri, Gianni vom Restaurant Albachiara, Gerhard Hempel, Sabine Flurschütz, Antonio Pisticci, Cristina Zagaria und ihrem Papa Francesco Zagaria, Michele Galgano, Angelo Cannata, Alessandra Eramo, Daniela Spera, Maria-Rita D'Orsogna, Mariana Giannone, Maria Teresa Cascino, Giovanni Rosa, Andrea Valentino.

Tausend Dank an Rosanna Severino, Massimo Gaudieri, Marzia Castaldi, Giorgio Rocchi, Maurizio Mercurio,

Marina Colonna und Barbara Knight, die mir während des Schreibens diskret und liebevoll zur Seite standen. Ohne Andreas Silbermann gäbe es ein Kapitel dieses Buches nicht: ihm auch vielen herzlichen Dank. Ein großer Dank gebührt vor allem meinen Freunden Michele und Fernanda aus Matera. Sie haben mir die lichtdurchfluteten Dachgeschosse und die unterirdischen Gänge ihrer Stadt gezeigt. Tausend Dank auch Pino Bianco aus Scanzano Jonico, aber seit vielen Jahren Bürger der Hauptstadt Berlin. In seinem Restaurant in Schöneberg lernte ich die ersten Rudimente der lukanischen Küche.

Mille grazie auch an Bettina Feldweg, Martina Klüver und Susanne Wallbaum für die aufmerksame Betreuung.

Meinen Geschwistern und meinen Eltern danke ich *per tutto*, für alles.

Und Sven, der sagte: Ich möchte dein Buch lesen. Dieses Buch gehört ihm.

Bereits erschienen:

Gebrauchsanweisung für …

Alaska
von Dirk Rohrbach

die Alpen
von Bene Benedikt

Amerika
von Paul Watzlawick

Andalusien
von Paul Ingendaay

Apulien und die Basilikata
von Maria Carmen Morese

Australien
von Joscha Remus

Bali
von Thomas Blubacher

das Baltikum
von Sabine Herre

Barcelona
von Merten Worthmann

Bayern
von Bruno Jonas

Berlin
von Jakob Hein

Bordeaux und die Atlantikküste
von Alexander Oetker

die Bretagne
von Jochen Schmidt

Brüssel und Flandern
von Siggi Weidemann

China
von Kai Strittmatter

Dänemark
von Thomas Borchert

Dresden
von Christine von Brühl

Dubai und die Emirate
von Felicia Englmann

das Engadin
von Angelika Overath

England
von Heinz Ohff

Finnland
von Roman Schatz

Frankfurt am Main
von Constanze Kleis

Frankreich
von Johannes Willms

Griechenland
von Martin Pristl

die griechischen Inseln
von Stella Bettermann

Hamburg
von Stefan Beuse

den Harz
von Jana Thiele

Indien
von Ilija Trojanow

Iran
von Bita Schafi-Neya

Irland
von Ralf Sotscheck

Island
von Kristof Magnusson

01/0001/30/R

Israel und Palästina
von Martin Schäuble

Istanbul
von Kai Strittmatter

Kalifornien
von Heinrich Wefing

Kanada
von Sonya Winterberg

Kapstadt und Südafrika
von Elke Naters und Sven Lager

Katalonien
von Michael Ebmeyer

Kathmandu und Nepal
von Christian Kracht und Eckhart Nickel

Köln
von Reinhold Neven Du Mont

Korsika
von Jenny Hoch

Kroatien
von Jagoda Marinić

Kuba
von Jürgen Schaefer

Leipzig
von Bernd-Lutz Lange

Lissabon
von Martin Zinggl

London
von Ronald Reng

Mallorca
von Wolfram Bickerich

Malta mit Gozo und Comino
von Agnes Imhof

Mexiko
von Peter Burghardt

München
von Thomas Grasberger

das Münchner Oktoberfest
von Bruno Jonas

Münster und das Münsterland
von Jürgen Kehrer

Myanmar · Burma
von Martin Schacht

Namibia
von Dominik Prantl

Neapel und die Amalfi-Küste
von Maria Carmen Morese

Neuseeland
von Joscha Remus

New York
von Verena Lueken

Nizza und die Côte d'Azur
von Jens Rosteck

Norwegen
von Ebba D. Drolshagen

Ostdeutschland
von Jochen Schmidt

Österreich
von Heinrich Steinfest

die Ostsee und Mecklenburg-Vorpommern
von Ariane Grundies

01/0002/30/L

Paris
von Stephen Clarke

Peru
von Ulrike Fokken

die Pfalz
von Christian Habekost

Polen
von Radek Knapp

Portugal
von Eckhart Nickel

Potsdam und Brandenburg
von Antje Rávic Strubel

Prag und Tschechien
von Martin Becker

Rom
von Birgit Schönau

Rügen und Hiddensee
von Holger Teschke

das Ruhrgebiet
von Peter Erik Hillenbach

Rumänien
von Jochen Schmidt

Salzburg und
das Salzburger Land
von Adrian Seidelbast

Sardinien
von Henning Klüver

Schottland
von Heinz Ohff

Schwaben
von Anton Hunger

den Schwarzwald und
Freiburg
von Jens Schäfer

Schweden
von Antje Rávic Strubel

die Schweiz
von Thomas Küng

Sizilien mit den
Liparischen Inseln
von Constanze Neumann

Spanien
von Paul Ingendaay

Stuttgart
von Elisabeth Kabatek

Südfrankreich
von Birgit Vanderbeke

Südkorea
von Martin Hyun

Südtirol
von Reinhold Messner

Sylt
von Silke von Bremen

Taiwan
von Stephan Thome

das Tessin
von Thomas Blubacher

Thailand
von Martin Schacht

Tibet
von Uli Franz

Tirol
von Bernd Schuchter

Tokio und Japan
von Andreas Neuenkirchen

die USA
von Adriano Sack

01/0003/30/R

den Vatikan
von Rainer Stephan

Venedig mit Palladio und den Brenta-Villen
von Dorette Deutsch

Vietnam, Laos und Kambodscha
von Benjamin Prüfer

die Welt
von Andreas Altmann

Wien
von Monika Czernin

Zürich
von Milena Moser

und außerdem ...

fürs Camping
von Björn Staschen

fürs Daheimbleiben
von Harriet Köhler

fürs Fahrradfahren
von Sebastian Herrmann

fürs Gärtnern
von Gabriella Pape

für Heimat
von Andreas Altmann

für das Internet
von Dirk von Gehlen

für das Jenseits
von Bruno Jonas

für Kreuzfahrten
von Thomas Blubacher

fürs Laufen
von Jochen Schmidt

für das Leben
von Andreas Altmann

fürs Lesen
von Felicitas von Lovenberg

fürs Museum
von Konrad O. Bernheimer

für Pferde
von Juli Zeh

fürs Reisen
von Ilija Trojanow

fürs Scheitern
von Heinrich Steinfest

fürs Schwimmen
von John von Düffel

fürs Segeln
von Marc Bielefeld

für Tennis
von Jürgen Schmieder

für den Wald
von Peter Wohlleben

für Weihnachten
von Constanze Kleis

fürs Zugreisen
von Jaroslav Rudiš

Notizbuch für Weltenbummler

01/0004/30/L